기후 환경
처음 공부

기후 환경 처음 공부

10대를 위한
'공부'가 되고
'상식'이 되는
환경 이야기

안재정 지음

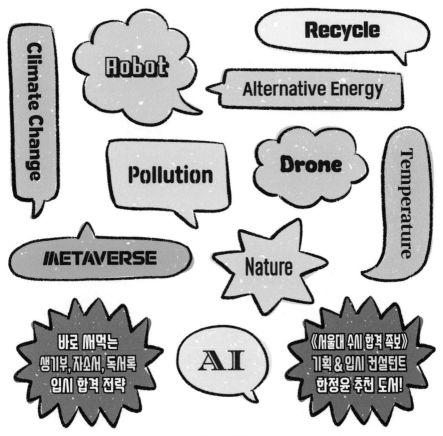

Climate Change

Robot

Recycle

Alternative Energy

Pollution

Drone

Temperature

METAVERSE

Nature

바로 써먹는
생기부, 자소서, 독서록
입시 합격 전략

AI

《서울대 수시 합격 쪽보》
기획 & 입시 컨설턴트
한정윤 추천 도서!

체인지업
CHANGEUP

위기 앞에 선 우리, 새로운 길을 찾아서

스티븐 호킹은 자신의 마지막 강연에서 이렇게 운을 뗐다.

"Can you hear me?"

그의 목소리는 기계를 통해 전달되었지만 그 말 속에는 단순한 물음 이상의 깊은 의미가 담겨 있었다. 그는 자신이 처한 육체적 한계 때문에 음성 생성 장치를 통해 전달되는 말을 사람들이 진심으로 듣고 이해하기를 바랐다. 이 질문은 "내 목소리가 들리나요?"라는 확인을 넘어 "내 이야기를 들어주고 공감해 주세요"라는 간절한 부탁을 담고 있었다.

이 책을 읽는 여러분께도 같은 질문을 던지고 싶다. 내가 전달하고자 하는 메시지를 진심으로 듣고 이해하기를, 부족한 글이지만 이 글에 담긴 의미와 진정성만큼은 전달되기를 바란다.

지금부터 우리가 함께 나눌 이야기는 단순한 정보 전달을 넘어, 여

1970년대에 그려진 미래의 학교

(출처: 이수인(에누마대표) 강의 'AI를 가르칠 것인가, AI로 가르칠 것인가')

러분과 함께 지속 가능한 미래를 향한 여정을 시작하기 위한 초대장이다. 내가 여러분께 건네는 "Can you hear me?"라는 질문 속에는 나의 이야기를 듣고, 이해하고, 공감하며 우리 함께 변화해 나가자는 제안이 담겨 있다.

1921년, 라디오가 처음 등장했을 때 사람들은 라디오가 학교를 대체할 것이라고 상상했다. 당시에는 목소리를 통해 지식을 전달할 수 있다는 사실만으로도 혁명이라 여겼다. 그러다가 1970년대에 컴퓨터와 로봇이 등장하면서 미래의 학교에 대한 상상은 다시 한번 바뀌었다. 사람들은 컴퓨터가 정답을 알려주고 교사가 그동안 바빠서 하지 못했던 일을 로봇이 대신해 주길 바랐는데, 그 대신해 주는 일이란 틀린 문제 수만큼 학생들을 체벌하는 일이었다. 위 그림은 당대의 기술 낙관주의를 보여줌과 동시에 기성세대의 그릇된 상상력을 담고 있다. 최근 인공지능의 발달은 이러한 과거의 상상력을 다시 소환한다. 교사로서 나도 한때는 인공지능이 아이들 생활 지도 같은 일을 대신해 주기를 바랐던 적이 있다. 그렇게 되면 나는 수업 준비에만 집중할 수 있으니 말이다. 그러나 이는 과거의 잘못된 상상력과 다르지 않음을 깨닫게 되었다.

기술 발전은 인간의 삶에 커다란 변화를 불러왔지만, 교육이 이를 제대로 따라가지 못한다면 사회 불평등과 고통을 초래할 수 있다. OECD 보고서에 따르면, 기술의 발전 속도와 교육의 변화 속도 간 격차는 사회문제를 초래하는 주요 요인이다. 기술이 발전할수록 이를 뒷받침할 교육 체제가 반드시 필요하다. 만약 교육이 기술을 따라잡지 못한다면 지식 기반 사회에서 뒤처지는 계층이 생기고, 결국엔 사회 불평등으로 이어질 것이다.

오늘날의 AI 기술과 디지털 전환 현상도 마찬가지이다. AI가 인간이 하던 많은 역할을 대신할 수 있지만, 그렇다고 해서 인간다운 가치와 철학을 대체할 수는 없다. 교육은 단순히 기술 활용을 넘어서 인간의 창의성과 공감 능력을 키우는 방향으로 나아가야 한다. 이를 위해 교육 내용, 방법, 평가 모두에서 혁신이 필요하며, 특히 학생들은 기술을 도구로 활용하면서도 이를 비판적으로 사고할 수 있는 능력을 길러야 한다.

화성 착륙이나 제임스웹 우주망원경에는 단일장애지점Single Point Failures(시스템 구성 요소 중에서 동작하지 않으면 전체 시스템이 중단되는 요소)이 수백 개에 달한다. 이 단일장애지점 중 하나라도 실패하면 전체 임무는 실패할 위험에 처한다. 화성 착륙 과정에서는 80~90개의 단일장애지점이 존재했으며, 제임스웹 우주망원경에는 344개나 되는 단일장애지점이 있었다. 인류는 역사적으로 불가능해 보이는 이러한 미션을 극복하며 여기까지 왔다. 우리가 직면한 기후변화 같은 문제에서도 희망을 잃지 말아야 하는 이유가 여기에 있다.

단일장애지점은 임무를 시작할 때와 임무 중 가장 중요한 순간에 주로 발생한다. 우리의 삶과 닮았다는 생각이 든다. 중요한 전환점이나 도전의 순간에 우리는 실패할 위험을 감수해야 한다. 하지만 이러한 위험을 극복하는 과정에서 더 큰 성취를 이룬다. 기후변화 문제 역시 마찬가지이다. 현재 우리는 수많은 단일장애지점에 둘러싸여 있지만 답을 찾아갈 수 있다는 희망만큼은 잃지 않아야 한다.

이 책은 여러분에게 그러한 희망의 작은 불씨를 제공하기 위해 쓰였다. 불가능해 보이는 문제들 속에서도 인류는 언제나 답을 찾아왔음을 기억하자. 이 책을 통해 여러분이 새로운 영감을 얻고, 세상을 더 깊이 이해하며, 지속 가능한 미래를 함께 만들어갈 동력을 찾기 바란다. 그 과정에서 우리가 함께 나누는 질문과 고민이 새로운 길을 열어줄 것이다. 부디 이 책이 그러한 여정의 시작점이 되기를 간절히 바란다.

차례

애증의 관계,
인간과 환경

▶▷▶▷▶▷▷

아는 만큼 보이는 자연과 환경

시골에 사시는 아버지는 소를 키우신다. 언젠가 아버지를 뵈러 시골집에 갔는데 어미 소가 밤새 울어 잠을 설친 일이 있었다. 이튿날 아버지께 불평하듯 물었다.

"아버지, 소가 왜 이렇게 울어요?"

아버지 대답은 의외로 간단하면서도 깊은 울림을 주었다.

"일주일 전에 새끼를 팔았거든. 새끼를 잃은 어미 소는 보통 일주일 정도 울어."

순간, 불만스러웠던 마음이 미안함으로 바뀌었다. 어미 소의 울음은 단순한 소음이 아니라 새끼를 잃은 어미의 깊은 슬픔과 그리움의 표현이었다.

유홍준 교수가 한 말이 떠올랐다. "사랑하면 알게 되고 알게 되면 보이나니, 그때 보이는 것은 전과 같지 않으리라." 어미 소의 마음을 이해하려 하지 않았다면 그 울음은 단지 소음으로 여겨졌을 것이다. 환경을 바라보는 우리의 시선도 그렇다. 우리는 과연 환경을 얼마나 알고 깊숙이 바라보고 있을까? 자연이 우리에게 보내는 울음소리를 이해하려 노력하지 않는다면 그것은 그저 스쳐 지나가는 자연현상으로만 보일 것이다.

☑ 이해하기
환경과 자연, 어떻게 바라봐야 할까?

📑 아포리즘

세상의 마지막 나무가 베어져 쓰러지고,
세상의 마지막 강이 오염되고,
세상의 마지막 물고기 잡힌 후에야,
사람들은 비로소 깨닫게 되리라.
돈을 먹을 수는 없다는 것을…

– 아메리카 원주민 크리족
(출처: 《마지막 나무가 사라진 후에야》)

변호사 위베르 망시옹Hubert Mansion과 인디언 혈통의 스테파니 벨랑제Stephanie Bélanger가 공동 저술한 책《마지막 나무가 사라진 후에야》에는 북미 인디언 크리족의 삶과 철학이 담겨 있다. 이 책은 자연을 바라보는 인디언들의 독특한 관점을 경구를 통해 전한다.

북미 원주민은 크게 인디언 문화, 잉카 문화, 마야 문화를 이루어 왔으며 잉카를 제외한 대부분은 문자를 사용하지 않고 언어로만 그들의 문화와 전통을 전승해 왔다. 이러한 전통 덕분에 환경과 자연에 대한 그들의 세계관은 우리와는 완전히 다른 차원을 보여준다. 이들은 자연을 소유의 개념으로 보지 않는다. 그들에게 대지는 어머니의 정령이 깃든 신성한 선물이었고, 그 속에서 살아가는 모든 생명체는 착취의 대상이 아니라 함께 살아가는 동반자였다.

하지만 오늘날 우리는 어떤가. 생명운동을 이끌어왔던 무위당 장일순 선생은 우리에게 다음과 같은 말로 눈과 귀를 가리는 허상을 경고하고 있다.

돈을 모시지 말고 생명을 모시고,
쇠 물레(기계)를 섬기지 말고 흙을 섬기며,
눈에 보이는 겉껍데기를 모시지 말고
그 속에 들어 있는 알짜로 값진 것을 모시고 섬길 때만이,
마침내 새로운 누리가 열릴 수 있다.

이 말은 우리가 진정으로 소중히 여겨야 할 가치가 무엇인지 돌아보게 한다. 오늘날 우리는 자연과 환경을 착취와 개발의 대상으로 바라보는 데 익숙하다. 그러나 이제 우리도 크리족과 같은 원주민의 관점과 무위당 선생의 경고를 되새기며 자연을 소유물이 아닌 삶의 동반자로 인식해야 한다. 이러한 사고의 전환이야말로 새로운 세상을 열어가는 첫걸음이 될 것이다.

자연에 담긴 의미는 명사일까 동사일까?

'자연'이라는 단어에는 두 가지 다른 의미가 담겨 있다. 첫째, 명사로서의 자연은 나무, 강, 바람처럼 인위적으로 만들어지지 않은 것을 의미한다. 이는 우리가 '자연보호'라고 말할 때 사용되는 의미로, 인간 활동이 자연환경에 미치는 부정적인 영향을 최소화하려는 노력의 산물이다. 자연보호와 자연 보전은 이러한 맥락에서 이루어진다.

둘째, 형용사나 부사로 사용되는 자연은 '본래의 성질', 즉 원래의 상태나 균형 상태로 돌아가는 과정을 의미한다. '자연스럽다'는 표현에서 드러나듯 인위적이지 않고 강제적이지 않은 상태를 유지하려는 본성을 내포한다. 이러한 의미에서 자연은 고정된 것이 아니라 끊임없이 변화하고 흐르는 동적인 과정을 담고 있다.

이처럼 자연이 두 가지 의미를 동시에 가지게 된 것은 19세기 일본에서 네덜란드어 '네이처nature'를 '자연'이라고 번역하면서부터였다. '자연'의 서양식 표현 'nature'는 라틴어 'natura'에서 유래하며 '태어

남, 성장'을 의미하는 동사 'nasci'에서 파생되었다. 'nature'는 본질적으로 '태어나는 방식' 또는 '자연적으로 발생하는 상태'를 나타내며 산, 강, 숲 같은 물리적 요소와 그 본질이나 특성을 포함한다.

그러면 '자연'의 동양식 표현인 '自然'은 어떤 뜻을 담고 있을까? '스스로 자'와 '그럴 연'으로 구성된 한자인 이 단어는 '스스로 그러한 현상이나 움직임'을 의미한다. 즉 자연의 자발성과 대상 간의 연결과 작용을 중시한다는 뜻이다. 이처럼 동서양에서 자연은 공통된 뿌리를 가지며 'environment'와 '環境(환경)'처럼 연결과 순환의 개념을 공유한다. 'en'은 'with in'을, 'viron'은 'to turn, to change'를 뜻하며, 한자어 환경도 순환과 지경 地鏡을 의미한다. 동서양에서 자연을 환경 이상의 본질적이고 철학적인 개념으로 바라보는 것이다.

여러분은 자연을 어떻게 바라보는가? 고정된 대상, 즉 명사로 바라보는가, 아니면 변화와 과정을 담은 동사로 바라보는가? 자연의 본질을 깊이 이해하기 위해서는 이 두 관점을 모두 견지해야 한다.

⊕ 활동 속 환경

머리 위로 원 그리기

손가락을 머리 위로 올려 하늘을 바라보며 허공에서 시계 방향으로 원을 그려보자. 그런 후, 손가락을 천천히 가슴 쪽으로 내리며 계속 시계 방향으로 돌리면 손가락은 어느새 시계 반대 방향으로 돌고 있는 것처럼 보인다. 현상이 바뀐 것일까, 보는 각도가 바뀐 것일까? 이 활동은 관점의 변화가 어떻게 다른 이해를 만들어내는지 보여준다.

환경문제에서 시작된 비극

환경에 대한 다양한 이미지(왼쪽부터 생물, 생태, 지리)

'환경' 하면 무엇이 가장 먼저 떠오르는지 생각해 보자. 아마 가장 먼저 숲이나 나무 같은 식생이 떠오를 것이다. 그래서 환경 수업은 야외에서 해야 한다고 생각하는 사람들이 많다. 이와 달리 환경을 지형, 즉 식생을 덮고 있는 기반으로 보는 경우도 있다. 생물과 지리를 환경 분야의 대표적 학문으로 보는 것이다. 또 다른 시각에서는 환경을 생물과 비생물적 환경이 상호작용하는 생태계로 보기도 한다.

생물, 생태, 지리 요소들의 관계를 이해하고 이를 교육으로 연결하는 것이 전통적인 환경 교육 방식이라면, 이보다 좀 더 자극적이고 심각한 문제로 환경을 바라보는 방식도 있다. 예를 들어, 죽음, 멸종, 장애를 불러일으키는 환경문제에 집중하는 것이다. 특히 1960년 ~1970년대에는 산업 문명이 전환기를 맞이하며 동서양에서 심각한 환경 및 의약 문제들이 발생했는데, 대표적인 두 사례를 살펴보자.

첫 번째는 탈리도마이드 사건이다. 1950년대 후반부터 1960년대 까지 임산부의 입덧 방지용 약으로 판매된 탈리도마이드는, 임신 초기(42일 이전) 복용 시 심각한 기형아 출산을 유발하는 것으로 밝혀졌다. 이 약을 복용한 임산부들이 낳은 아이들에게서 사지 결손, 손발가락 소실 등 사례가 보고되었으며, 전 세계 48개국에서 약 1만 2,000명의 기형아가 태어났다. 특이하게도 탈리도마이드는 동물 실험에서 독성이 나타나지 않았는데, 이로써 이 사건은 동물 실험 결과가 인간에게 그대로 적용되지 않을 수 있음을 보여주는 대표 사례로 남아 있다.

두 번째는 미나마타병의 발병이다. 공해병의 대표 사례로 꼽히는 미나마타병은 메틸수은이 원인 물질로 밝혀졌다. 1932년부터 신일본질소비료가 미나마타 공장에서 공장 폐수와 함께 바다로 방출한 이 물질은 어패류를 통해 생물 농축 과정을 거쳐 인간에게 축적되었고, 결국 미나마타병이 발병했다. 1956년 첫 환자가 보고된 이후 1968년 피해가 공식 인정되기까지 12년이 걸렸으며, 첫 배상이 이루어진 것은 1977년이었다.

이 병은 중추신경계 이상, 기형아 출산, 태아 오염 등을 유발했으며, 피해자는 약 6만 명에 이르렀다. 2018년 기준 일본 내 환자 수는 약 2,996명으로 집계되었다. 이 사례는 환경오염이 장기간에 걸쳐 피해를 발생시키고 복구에도 오랜 시간이 소요됨을 보여준다. 하라다 마사즈미原田正純 박사는 "환경오염은 엄마의 자궁에서 시작된다"라고 경고했다. 실제로 메틸수은은 태반을 통해 태아에게 전달되어 태어날 때부터 미나마타병 증상을 가진 아기들이 존재했음을 확인할

탈리도마이드 복용으로 손발 이상이 나타난 아
이들의 모습
(출처: 《서울신문》, '역사상 최악의 의약품 사고
'탈리도마이드' 사고 재발 막는 기술 나왔다')

구마모토현 쓰나기 마을에서 미나마타병 증상
을 겪고 있는 딸을 품에 안은 어머니
(사진: 유진 스미스, 출처: 《the japan times》,
'Minamata disease victims struggle to find closure')

수 있었다. 환경오염이 세대를 넘어 영향을 미친다는 점에서 우리가

깊이 되새겨야 하는 문제이다.

🌐 사진 속 환경

유진 스미스의 작품 '목욕하는 도모코'

1972년 세계적인 보도 사진작가 유진 스미스Eugene Smith의 작품 '목욕하는 도모
코'는 미나마타병의 심각성을 전 세계에 알린 상징적인 사진이다. 도모코는 태어
날 때부터 수은 중독으로 미나마타병을 앓았고, 일본 내 미나마타병 첫 피해 배
상이 이루어지기 전인 스물한 살에 짧은 생을 마쳤다.

유진 스미스는 1971년부터 3년간 미나마타 마을에 머물며 이 병의 실상을 알리려
노력했지만 병의 심각성을 한눈에 보여줄 사진을 찍지 못해 고민하고 있었다. 그
러다가 료코 우에무라의 도움으로 그녀의 딸 도모코를 촬영하게 되었다. 료코는
혹시 사진이 선정적으로 비칠까 우려하면서도 도모코의 현실을 자연스럽게 담기
위해 목욕 장면을 제안했다. 이 사진은 1972년 6월 《라이프》지 특집 기사로 처음
소개되면서 도모코와 그녀의 어머니가 느끼는 고통과 사랑을 동시에 담아냈다는
평가와 함께 전 세계에 큰 반향을 일으켰다.

그러나 이 과정에서 유진 스미스는 폐수 방류 회사가 고용한 깡패들에게 공격을

받아 한쪽 눈을 실명했고, 도모코는 사진을 촬영하고 6년 뒤 세상을 떠났다. 유진 스미스 역시 그로부터 1년 뒤 '미나마타병'을 생의 마지막 작업으로 남긴 채 눈을 감았다. 두 사람의 삶은 영화 속 해피엔딩과는 거리가 멀었지만, 그들이 세상에 남긴 메시지는 깊고 강렬했다.

이 사진은 1997년 이후로 도모코 가족의 요청에 따라 공식적으로 공개되지 않고 있다. 따라서 이 사진을 제공받거나 실제로 보는 것은 어렵다. 대신 미나마타병과 관련된 유진 스미스의 다른 작품이나 그의 사진집을 통해 당시 상황을 이해하고 미나마타병이 남긴 비극을 간접적으로 볼 수 있다.

유진 스미스의 미나마타 시리즈는 그의 사진집 《미나마타Minamata》에 수록되어 있으며, 이 책을 통해 우리는 그의 작품이 가진 깊은 울림과 미나마타병에 대한 아픔을 동시에 느낄 수 있다.

자연을 바라보는 인간의 다양한 관점

역사적으로 인간은 다양한 관점에서 자연을 바라보았다. 인간과 자연의 관계를 어떻게 설정하느냐에 따라 자연을 대하는 태도도 네 가지로 정리할 수 있다.

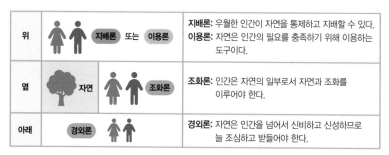

다양한 환경관
(출처: 고등학교 환경 교과서 p21, 서울출판사)

20

첫째, 인간은 자연의 일부이며 자연과 조화를 이루어야 한다는 관점이다. 생태학자와 생태주의자들은 자연을 하나의 공동체로 보며, 그 안의 모든 생물이 서로 영향을 주고받는 존재라고 여긴다. 따라서 인간은 자연과 조화를 이루며 살아가야 한다고 강조한다.

둘째, 자연을 인간이 소유하고 이용할 수 있는 대상으로 간주하는 관점이다. 자연을 외부의 힘으로 움직이는 물질이나 기계로 취급하며, 인간의 필요와 욕구를 충족시키는 자원으로 여기는 것이다. 특히 영국의 철학자 프랜시스 베이컨Francis Bacon은 자연에는 인간이 이용할 수 있는 보물들이 숨겨져 있으며, 자연의 규칙이나 질서를 알아내면 인류가 과학의 힘으로 풍요로울 수 있다고 믿었다. 이러한 관점은 인간이 자연을 지배하고 다른 생명체를 함부로 다뤄도 된다는 지배론으로 이어질 수 있다.

셋째, 자연은 인간에게 피해를 줄 수 있는 악한 것이니 인간이 이를 다스리고 지배해야 한다는 관점이다. 인간이 자연의 정점에 있으며, 자연환경은 관리와 정복의 대상이라는 생각이 담겨 있다. 이 관점은 인종 우월주의나 성차별 사고와 결합할 경우, 인간에 대한 차별까지 정당화할 위험이 있다.

넷째, 자연은 신성한 존재로서 인간이 경외해야 하는 대상이라는 관점이다. 이 관점은 자연을 단순히 자원으로 보는 것이 아니라 그 자체로 가치를 인정하며 자연의 미와 숭고함, 생명체로서 존엄성을 중시한다. 이러한 관점은 종교에서도 자주 나타난다. 아메리카 원주민의 신앙, 동양의 불교와 도교, 서양 가톨릭에서는 자연 현상과 생명체에 신성함을 부여하면서 이를 존경하고 보호할 것을 강조한다. 2015년에 가톨릭교회 교종教宗 프란치스코Francesco가 반포한 (생태)회칙『찬미받으소서: 우리 공동의 집을 돌보는 삶에 관하여』에는 이런 관점이 잘 녹아 있다.

🌐 인물 속 환경

시애틀 추장의 편지글

시애틀 추장
(출처: 〈국악타임즈〉, '시조로 바꾸어 쓴 시애틀 추장(酋長)의 연설문')

시애틀은 북미 인디언 추장의 이름이다. 그는 1854년 미국의 프랭클린 피어스 Franklin Pierce 대통령에게 편지를 보냈는데, 생태주의 가치를 가장 잘 표현한 명문으로 꼽힌다. 워싱턴주의 시애틀 시는 이 추장의 이름을 따서 지었다.

(중략)

우리는 우리의 땅을 사겠다는 그대들의 제안을 고려해 보겠다. 그러나 제의를 받아들일 때 한 가지 조건이 있다. 즉 이 땅의 짐승들을 형제처럼 대해야 한다는 것이다. 나는 미개인이니 달리 생각할 길이 없다. 나는 초원에서 썩어가고 있는 수많은 물소를 본 일이 있는데 모두 달리는 기차에서 백인들이 총으로 쏘고는 그대로 내버려 둔 것들이었다. 우리가 오직 생존을 위해서 죽이는 물소보다 연기를 뿜어내는 철마가 어째서 더 소중한지를 모르는 것도 우리가 미개인이기 때문인지 모른다. 짐승들이 없는 세상에서 인간이란 무엇인가? 모든 짐승이 사라져버린다면 인간은 영혼의 외로움으로 죽게 될 것이다. 짐승들에게 일어난 일은 인간들에게도 일어나게 마련이다. 만물은 서로 맺어져 있다.

환경은 독립적으로 움직이지 않는다

환경과 자연에 대해서는 다양한 의미가 존재하지만 본질은 같다. 인간은 지역, 성별, 종교, 문화에 따라 같은 본질을 다르게 이해하고 바라보는데 우리는 이것을 관점의 차이라고 말하며, 이러한 관점에 따라 인간과 자연의 관계가 달라진다. 환경의 특성을 다섯 가지로 정리하면 다음과 같다.

첫째, 환경 내 여러 구성 요소는 서로 영향을 주고받으며 상호작용을 한다. 이러한 상호작용은 단순한 인과 관계로 이해할 수 없다. 이럴 경우 뜻하지 않은 결과를 낳기도 한다. 미국의 카이바브 고원에서 사슴을 보호하기 위해 사슴을 잡아먹는 늑대를 사냥했지만 사슴 개체수를 늘리는 데는 실패한 것처럼 말이다. 기후변화도 마찬가지이다. 기후변화는 온실가스 때문에 발생하는 게 분명하지만, 온실가스만 줄인다고 해서 기후변화를 막기는 어렵다. 어쩌면 예상하지 못한 다른 결과를 낳을 수 있다.

둘째, 오늘날 환경 변화는 어느 한 지역, 한 국가에서만 나타나는 것이 아니라 전 지구적으로 광범위하게 나타난다. 산업화된 선진국에서 배출한 온실가스가 기후변화를 일으키고 이것이 남극, 투발루, 몰디브, 안데스산맥 등에 영향을 준다. 우리나라도 주변국인 중국에서 넘어오는 미세먼지의 영향을 받고 일본의 방사능 오염수 때문에 피해를 보기도 한다. 따라서 환경문제를 해결하기 위해서는 지구적인 공감과 합의가 필요하다.

셋째, 다양한 환경문제는 현실적으로 나타나기까지 상당한 시차가 존재한다. 앞서 살펴본 미나마타병의 사례나 성층권 오존층 파괴 문제도 현상이 관찰되고 현상을 줄이는 조치가 효과를 보기까지 50년에서 100년 정도의 매우 긴 시간이 필요하다는 것을 우리는 경험으로 알게 되었다.

성층권 오존층 고갈과 회복 과정

1928년 화학자 토머스 미즐리Thomas Midgley가 염화불화탄소(CFCs) 발명

1974년 셔우드 롤런드Sherwood Rowland와 마리오 몰리나Mario Molina가 염화불화탄소가 성층권에서 분해되어 염소를 배출한다고 예측

1974년 염화불화탄소를 사용한 냉장고 수백만 대 판매

1984년 남극 대륙 상공 오존층 구멍 확인

1987년 27개 나라가 몬트리올의정서에 동의(이후 183개국 참여)

1895년 롤런드, 몰리나, 파울 크뤼천Paul J. Crutzen 노벨화학상 수상: 성층권 오존층에서의 화학 반응 제시

1996년 미국, 염화불화탄소 화합물과 연관 화합물의 생산과 수입 전면 금지

2010년 몬트리올의정서 가입국 수소염화불화탄소(HCFCs)를 기준점의 65퍼센트 감축

2030년 몬트리올의정서 가입국 오존층 파괴 물질 전면 금지

2060~2075년 성층권 오존층 1980년대 이전 수준으로 회복 예상

(출처: 미 환경청, 2007)

넷째, 인류 발전을 위해 사용하는 자원과 에너지는 유한하며, 모든 에너지는 무질서도(엔트로피)가 증가하는 방향으로 변화한다. 산업화 이후 사용하는 주된 에너지 자원은 이산화탄소를 기반으로 하는 화

석 연료이다. 화석 연료 사용으로 배출되는 이산화탄소 같은 온실가스는 기후변화처럼 지속가능성을 위협하는 무질서도를 증가시키고 있다. 따라서 현세대의 삶의 질뿐만 아니라 미래 세대의 삶의 질을 보장할 수 있도록 지구에서 사용할 수 있는 자원과 에너지의 범위 내에서 효율적으로 이용하고 적절히 배분해야 한다.

다섯째, 환경은 용수철처럼 회복되려는 탄력성이 있지만, 회복탄력성을 벗어나면 고유의 탄력성을 잃고 회복할 수 없게 된다. 오염물질이 유입되면 자기의 환경수용능력을 초과하지 않는 한 자연적으로 정화하는 현상을 자정능력이라 하는데, 이러한 환경수용능력을 벗어난 오염물질이 유입되면 자정능력은 발현되지 않으며 심할 경우 오염물질의 피해를 가속하는 방향으로 작용하기도 한다.

평상시 자연환경에서 필수적인 무기질이자 수생 생물들이 생장하고 번식하는 데 필요한 영양물질인 질소와 인이 비료나 폐수로 자정능력을 초과하여 유입되는 경우, 수생 플랑크톤의 번식을 촉진하는 현상을 예로 들 수 있다. 이러한 플랑크톤의 대규모 번식과 사멸은 많은 양의 산소를 사용하기 때문에 산소 고갈 현상을 초래하여 물고기나 수생 생물이 살아남을 수 없는 환경을 만들어 수질 오염을 가속하기도 한다.

이처럼 환경은 독립적으로 움직이지 않는다. 인과, 공간, 시간, 방향, 회복 등 다양한 특성과 작용하며 살아 움직인다. 이를 구성하는 본질과 관계, 중심과 주변은 상호작용하며 서로 다른 모습을 보여준다. 중심과 주변의 영향으로 환경이 커 보일 수도, 작아 보일 수도 있는 것이 환경이다.

원의 중심이 '본질'이라고 생각한다면, 커 보이기 위해 우리가 할 수 있는 일은 본질을 키우거나 주변을 바꾸는 것이다. 이러한 원리를 생각한다면, 자신의 본질적인 성장을 꾀하지 않더라도 어느 정도는 행복을 추구할 수 있음을 알 수 있다. 행복의 파랑새는 그리 멀지 않은 곳에 있음을 잊지 말아야 한다.

🌐 메타포 속 환경

지속 가능한 자원 소비 방법이 있을까?

"지구 자원과 에너지 원금은 보존하면서 이자로만 살아가야 한다." 박경리 선생님의 이 표현은 지구 자원을 재생 가능하고 지속 가능한 방식으로 사용해야 한다는 메시지를 담고 있다. 여기서 '지구 자원과 에너지 원금'은 물, 공기, 토양, 식물, 동물, 석유, 가스, 석탄 등 지구의 모든 생물과 비생물을 포함하는 자연 자원을 의미한다. 우리는 자원을 소비하되, 자연적으로 자원이 재생되는 속도를 초과해서는 안 된다. 재생할 수 있는 수준 내에서 자원을 사용해야 하며, 원금을 고갈시키는 방식의 소비는 지속가능성을 해친다는 점에서 경계해야 한다.

이러한 개념은 경제학에서도 널리 사용되는 원리이다. '원금을 까먹는 소비는 지속 가능하지 않다'는 호모 이코노미쿠스Homo economicus의 경제학적 사고와 일맥상통한다. 호모 이코노미쿠스는 '경제적 인간'이라는 뜻의 라틴어로, 인간이 합리적으로 자원을 관리하고 최적의 경제적 선택을 한다는 개념이다. 이 경제적 접근법은 자원 관리와 환경 보존의 중요성을 쉽게 이해하는 지름길이다.

환경에 대한 앎의 크기를 넓혀라

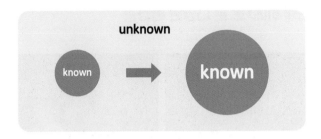

앎과 모름의 경계는 뭘까? 앎이다. 역설적으로 들릴 수도 있지만, 앎이 커질수록 모름과의 경계 역시 커진다는 의미이다. 시험 공부를 많이 한 학생이 오히려 더 불안해지는 이유는 자신이 모르는 부분이 더 분명하게 느껴지기 때문이다.

환경 분야에서도 비슷한 현상이 나타난다. 지난 반세기 동안 우리나라는 환경문제를 논할 때 개발과 보전의 딜레마에서 벗어나지 못했다. 많은 이들이 자신의 관점만을 주장하면서 타인과 다른 생명체를 고려하지 못하는 모습을 보이고 있다. 이는 환경에 대한 이해와 앎이 부족하기 때문이기도 하다.

이제는 잠시 결정을 보류하더라도 환경에 대한 앎을 넓히는 시도를 해보아야 한다. 물론 바쁜 생활 속에서 그러한 여유를 가지기 어렵다는 건 안다. 하지만 환경문제는 우리의 미래가 달린 중대한 문제이다. 미래를 준비하는 학생이라면 환경문제에 대해 적극적인 관심을 가지고 새로운 시각으로 접근해야 한다. 그게 곧 우리의 미래를 풍요롭고 안전하게 만드는 일이기 때문이다.

✅ 탐구하기
<모노노케 히메>로 본 다양한 환경관

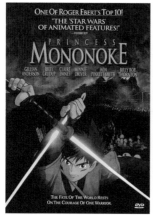

　〈모노노케 히메もののけ姫〉(이하 〈원령공주〉)는 1997년에 개봉한 미야자키 하야오宮崎駿 감독의 작품으로 감독의 시대극이다. 이 작품에서 감독은 다양한 인물들을 통해 인간과 자연, 그리고 그 사이에서 벌어지는 복잡한 이해관계를 섬세하게 묘사하고 있다.

　영화는 인간과 자연의 관계를 '보호'와 '이용'이라는 두 가지 관점에서 다루며, 서로 다른 입장과 그로 인해 벌어지는 갈등 상황을 보여 준다. 이를 통해 관객들은 환경문제를 단순히 선악의 관점에서 보기보다 각자의 처지와 상황에 따라 다른 시각으로 바라보게 된다. 〈원령공주〉는 인간과 자연의 공존에 대한 깊은 성찰을 담고 있는 작품으로 환경에 대한 다양한 관점을 탐구하는 계기를 제공한다.

☑ 질문하기

질문 1. 영화 〈원령공주〉의 주인공은 누구일까?

주인공은 스토리의 중심인물, 성장하는 캐릭터, 관객의 공감을 끌어내는 인물, 중요한 결정과 행동을 하는 인물 등 다양한 기준으로 판단할 수 있다.

≫ 핵심 정리

〈원령공주〉에서 비중 있게 등장하는 캐릭터는 아시타카, 에보시 고젠, '원령공주'라 불리는 산이다. 이 중 주인공의 기준에 가장 부합하는 인물은 단연 아시타카라고 볼 수 있다. 그는 영화가 시작할 때부터 끝날 때까지 등장하며, 자기 죽음의 저주를 풀기 위해 여정을 떠나는 성장하는 캐릭터이다. 또한 다양한 사건 속에서 중요한 결정을 내리고 행동함으로써 관객들의 공감을 사는 캐릭터이기도 하다.

그렇다면 왜 영화 제목이 〈원령공주〉일까? 마케팅 전략일 수도 있고, 인류의 희망을 10대 소녀인 산에 투영한 것이라고 해석할 수도 있다. 이 영화의 제목은 인물 이름일 뿐 아니라 자연과 인간의 갈등 속에서 희망과 메시지를 상징한다고 볼 수 있다.

질문 2. 〈원령공주〉에서 '뒤집어쓴다'는 것은 무슨 의미일까?

〈원령공주〉에서 중요한 모티프로 사용된 장치는 가면이다. 그렇다면 이 가면을 쓴다는 것은 무엇을 의미할까?

📝 핵심 정리

'뒤집어쓴다'는 것은 〈원령공주〉에서 핵심적인 모티프이다. 영화에서 처음으로 뒤집어쓰고 등장하는 캐릭터는 재앙신으로 변한 나고노카미(멧돼지)이다. 나고노카미가 재앙신이 된 이유는 자신의 처지와 상황을 부정했기 때문이다. 이는 〈원령공주〉의 중심 모티프가 자신의 현재 상황을 부정하고, 이를 극복하려는 등장인물들의 여정으로 이어짐을 보여준다. 가면은 자신을 부정하거나 본질을 숨기려는 존재를 상징적으로 나타내는 소품이다.

나고노카미(재앙신)

아시타카

재앙신에게 죽음의 저주를 받은 아시타카가 이를 부정하며 길을 떠나는 모습이나, 사람이지만 자신의 존재를 부정하며 자연과 동화된 산이 가면을 쓰고 처음 등장하는 장면은 이러한 상징적 의미를 잘 보여준다. 이들은 모두 자연스러움을

산(원령공주)

벗어나 원치 않는 모습으로 변화된 캐릭터들이다. 가면은 이러한 부정과 오염의 의미를 담고 있다.

여담으로, 〈원령공주〉는 3년에 걸쳐 제작되었으며, 특히 초반부 재앙신의 촉수 움직임을 제작하는 데만 19개월이 소요되었다고 한다. '뒤집어쓴다'는 상징적 의미에 감독과 제작진이 얼마나 공을 들였는지 알 수 있는 대목이다.

질문 3. 〈원령공주〉의 세계관을 환경관으로 구분해서 정리해 보자

〈원령공주〉는 인간의 세계와 신의 세계라는 두 가지 축을 중심으로 이야기가 펼쳐진다. 이 두 세계를 환경관의 관점에서 구분하고, 그렇게 생각한 이유를 정리해 보자.

| 아시타카 | 원령공주 | 옥고토누시 | 에보시 |

| 지코 | 곤자 | 코다마 | 시시신 |

데다라신

나고노카미(재앙신)

모로(들개신)

제철마을 타타라바 사람들

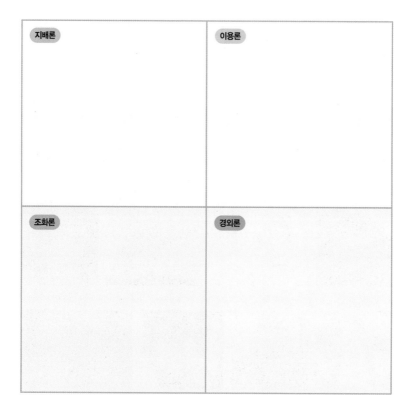

지배론	이용론
조화론	경외론

📖 핵심 정리

〈원령공주〉는 인간의 세계와 신의 세계라는 두 가지 축을 중심으로 펼쳐진다. 먼저 인간의 세계로는 아시타카의 고향인 에미시 부족과 에보시 고젠이 이끄는 제철마을 타타라바가 있다. 에미시 부족은 한때 왕권에 도전했다가 실패하여 숨어지낼 수밖에 없는 노쇠한 부족으로 자연과 조화를 추구한다. 아시타카는 이 부족의 유일한 승계자로 장차 족장이 될 소년이다. 반면 제철마을 타타라바는 숲을 파괴하여 철을 생산하는 마을로 여성이 리더이며 구성원 모두가 평등하게 살아가는 이상 사회를 꿈꾸고 있다.

신의 세계에서는 들개신 모로와 멧돼지신들이 등장한다. 이들은 자연을 경외하며 자연을 파괴하는 인간을 극도로 미워하면서 서로 다른 방식으로 증오를 표현한다. 또한 중간에서 방관자 역할을 하는 원숭이(성성이)신까지 다양한 캐릭터가자연을 바라보는 자신들의 관점을 펼쳐낸다.

〈원령공주〉에서 보여지는 세계관은 인간 중심적 환경관과 자연 중심적 환경관으로 나눌 수 있으며, 이를 다시 세부적으로 지배론, 이용론, 조화론, 경외론으로 구분할 수 있다.

1. 지배론(지코)

우월한 인간이 자연을 통제하고 지배할 수 있다는 관점이다. 지코는 개인의 야망과 목적을 위해 신의 머리를 차지하려고 하며, 자연을 정복 대상으로 바라본다.

2. 이용론(제철마을 타타라바 사람들, 에보시, 곤자)

자연을 인간의 필요를 충족하기 위해 사용하는 도구로 본다. 타타라바 마을 사람들과 에보시는 철을 생산함으로써 인간 번영을 추구하며, 자연을 자원의 집합체로 간주한다. 곤자는 이러한 활동을 실행하고 지원하는 대표 인물이다.

3. 조화론(아시타카, 시시신, 데다라신)

인간은 자연의 일부로서 자연과 조화를 이루어야 한다는 관점이다. 아시타카는 두 세계 사이에서 갈등을 조율하며, 시시신과 데다라신은 자연의 균형과 생명을 상징하는 존재로서 조화를 추구한다.

4. 경외론(원령공주 산, 옥고토누시, 코다마, 나고노카미, 모로)

자연을 신비롭고 신성한 존재로 보고, 이를 존중하고 받들어야 한다는 관점이다. 산은 인간을 거부하며 자연을 수호하려 하고, 옥고토누시와 모로는 자연의 고유한 가치를 지키려는 존재이다. 코다마와 나고노카미는 자연의 신비로움과 초월적인 힘을 상징한다.

연결점:

아시타카는 이 네 가지 관점 사이에서 조화를 모색하려는 인물로 등장한다. 그는 인간과 자연이 대립하는 대신 서로 이해하고 공존할 수 있는 가능성을 보여준다. 이는 〈원령공주〉가 단순히 두 세계의 대립을 그리는 것이 아니라, 환경에 대한 다층적인 이해를 제안하고 있음을 나타낸다. 이러한 세계관의 구분을 통해 〈원령공주〉는 인간과 자연의 관계를 재조명하며, 환경문제에 대해 깊이 있는 통찰을 제공한다.

질문 4. 〈원령공주〉의 대립 구도에서 가장 중요한 역할을 한 인물은 누구일까?

〈원령공주〉는 자연과 인간의 대립을 중심으로 이야기를 전개한다. 이 대립 구도 속에서 이를 조율하는 중요한 역할을 하는 인물이 있다. 그 인물은 누구이며, 그가 가진 핵심 역량은 무엇일까?

〈원령공주〉에서는 자연의 편인 들개신, 멧돼지신, 산과 인간의 편인 에보시 고젠, 지코 등이 서로의 이해관계에 따라 대립을 이루고 있다. 이러한 대립 구도는 전형적인 갈등 구조를 따르지만, 단순히 한쪽의 승리로 끝나지 않는다. 왜냐하면 핵심적인 조정자 역할을 하는 아시타카가 있기 때문이다. 아시타카는 에미시 부족을 이끌 차세대 리더로 무술, 인성 등 다방면에서 뛰어난 역량을 가진 인물이다. 하지만 그가 가진 가장 중요한 능력은 바로 사랑을 품은 인간이라는 점이다.

아시타카는 대립 구도의 중심에서 인간과 자연 양측의 입장을 이해하며, 극한의 상황 속에서도 화해와 조화를 추구한다. 이 영화 속 최대 위기 장면에서 그가 보여주는 사랑과 이해는 양측의 갈등을 완화하고 새로운 가능성을 제시한다. 미야자키 하야오 감독이 아시타카를 통해 보여주고자 했던 것은 어쩌면 인류의 희망인 사랑이 아닐까?

학교는 이러한 사랑을 가르치는 공간이 되어야 한다. 배움을 사랑하고, 동료를 사랑하며, 자연을 사랑할 줄 아는 학생들을 양성하는 곳이 되어야 한다. 지금의 학교는 과연 무엇을 가르치고 있는지 우리 스스로에게 물어보아야 한다.

☑️ 행동하기

지구를 위한 다르지만 같은 행동: 나무 껴안기 vs 나무 자르기

나무는 우리가 가장 쉽게 접할 수 있는 환경 요소이다. 환경문제 해결책을 이야기할 때 '기승전 나무 심기'로 귀결될 만큼 나무 심기는 인간이 할 수 있는 거의 유일한 환경 실천으로 여겨진다.

하지만 나무는 정말 이런 의미만 갖는 평면적 대상일까? 지속 가능한 지구를 만들기 위해 우리는 나무를 어떤 관점에서 바라봐야 할까? 지금부터 '나무 껴안기'와 '나무 자르기'라는 두 가지 행동을 통해 나무를 통해 환경문제를 들여다보려 한다. 겉보기에는 상반되어 보이지만 실제로는 같은 목표를 지향하는 이 두 가지 실천 행동으로 나무를 바라보는 우리의 관점을 되돌아보는 시간을 가져보자.

칩코 운동의 유래와 의미

1947년 영국에서 독립한 인도는 자연을 바라보는 관점에 따라 상반된 행동을 보였다. 한편으로는 자연을 자원이나 도구로만 여겨 벌목 허가를 남발하여 숲을 파괴하기도 했고, 다른 한편으로는 인간을 자연의 일부로 보거나 자연을 경배의 대상으로 여겨, 숲을 파괴하는 행위가 강의 여신 강가의 분노를 불러 산사태와 범람을 초래한다고 믿으며 숲을 보호하려는 운동을 일으키기도 했다.

그중 대표적인 환경운동이 바로 나무 껴안기 운동, 즉 '칩코 운동'이다. '칩코'는 힌두어로 '껴안다'는 뜻으로, 이 운동은 나무를 직접

나무를 안고 벌채를 저지하는 여성들
(출처: 〈산〉, '왜 히말라야 여성들은 나무를 껴안았을까?')

껴안음으로써 자연을 보호하려는 강한 의지를 드러내는 운동이다. 이 운동은 1973년 3월 23일, 한 목재 회사가 갠지스 평야 지역에서 호두나무와 물푸레나무를 벌채하려고 하면서 일어났다. 이 소식을 들은 지역 여성들이 나무를 감싸안고 "나무를 베려면 나의 등에 도끼질하라"고 외치며 벌목을 저지한 것이다.

칩코 운동은 이후 빠르게 확산되었으며, 특히 산간 지역 여성들을 중심으로 크게 확산되었다. 여성들의 노력은 결국 벌목 금지 명령을 이끌어냈고, 산림 보호를 위한 여러 중요한 결정을 촉진했다. 단순히 산림을 보존하는 데 그치지 않고, 지속 가능한 산림 이용의 필요성을 주장하며 자연 파괴가 산사태 같은 재해를 초래하고 마을의 생존을 위협한다는 메시지를 전달한 것이다.

인도 여성들이 주도한 칩코 운동은 산림 보호와 산림을 지속 가능한 방식으로 이용해야 한다는 필요성을 강조하면서 인도 정부의 정책 변화를 이끌어냈고, 전 세계적으로 환경 보호 인식을 높이는 데크게 기여했다.

우리 주변에서도 볼 수 있는 칩코 운동

우리나라에서도 최근 칩코 운동의 성격을 띤 자연보호운동이 일어났다. 제주도 비자림로 확장 공사 반대운동이 그것이다. 제주도는 2018년 6월 '교통사고 방지 및 주민 편의를 위한 목적'으로 왕복 2차선이었던 비자림로를 4차선으로 확장하는 공사를 시작했다. 이 과정에서 삼나무 900여 그루를 베어내면서 환경 훼손 논란이 불거졌다. 더구나 비자림로 인근 숲과 계곡에서는 멸종 위기종인 애기뿔쇠똥구리와 팔색조 등의 서식지가 발견되기도 했다. 그러자 시민단체와 환경단체, 문화예술인들이 반대운동을 펼쳤고, 전국적인 공감을 불러일으키면서 공사가 일시 중단되기도 했다. 비록 공사가 완전히 취소되지는 않았지만 일부 구간의 도로 너비를 축소하고, 애기뿔쇠똥구리 등 법정 보호종 야생동식물을 대체 서식지로 옮기며, 생태 도로를 설치하는 등 환경 저감 대책이 마련되는 성과를 거두었다.

제주도의 관광객 규모도 제주도의 환경문제와 밀접한 연관이 있다. 제주도는 매년 1,200만 명(2021년 기준)에서 1,500만 명(2019년 기준) 관광객이 방문하는 세계적으로도 유래를 찾기 힘든 관광지이다. 세계적인 관광지 하와이가 연간 약 750만 명의 방문객을 기록하는

비자림로 확장 공사 현장에서 공사 중단을 촉구하는 시위
(출처: 《경향신문》, "'우리가 '비자림'이다…제주지사, 보고 있나")

것과 비교한다면 제주도의 관광객 규모가 얼마나 큰지 알 수 있다. 이처럼 과도한 관광객 증가로 제주도는 지금 물 부족, 하수 처리 능력 한계, 교통 체증, 집값 상승 등 여러 문제로 몸살을 앓고 있다. 전문가들은 관광객을 줄이지 않는다면 환경 파괴와 불안정한 저임금 일자리 문제로 제주도가 지속 가능성을 잃을 위험이 크다고 우려한다.

비자림로 확장 공사 반대운동은 현대의 칩코 운동으로 환경 보호와 지속 가능한 발전에 대한 지역사회의 경각심을 일깨운 중요 사례로 볼 수 있다. 흔히 볼 수 있는 도로 공사 반대운동이 아닌, 인간과 자연이 어떻게 조화를 이루고 공존할 것인가에 대한 고민이 깃든 인식 개선운동이라고 할 수 있다.

칩코 운동은 비폭력 저항 원칙에 기반을 두고 있다. 이러한 운동의 가치를 간접적으로 경험하기 위해 여러분은 토론과 학습을 통해 칩코 운동의 핵심 원칙과 환경 보호에 기여하는 방안을 논의할 수 있다. 여기에서 더 나아가 우리 삶에 칩코 운동을 직접적으로 적용하기 위해 자신들이 속한 지역의 환경문제를 조사하고 비폭력 저항운동을 계획해 보는 활동도 가능하다. 이러한 경험은 강력한 시각적 메시지를 만들어내며, 행동을 통해 변화를 이끌어내는 방법을 배우는 중요한 계기가 될 것이다. 또한 환경 보호의 중요성을 깊이 이해하고, 이를 실천하는 방법을 학습하며, 비폭력 저항을 통해 사회 변화를 이끌어낼 수도 있을 것이다. 이러한 적극적인 행동 경험은 환경 교육의 중요한 목표 중 하나인 환경 참여와 실천의 첫걸음이 될 것이다.

산림의 탄소흡수량 감소와 나무 베기

우리나라는 일제 강점기와 6·25 전쟁을 거치면서 산림이 황폐화되었다. 전쟁 이후 산업화와 도시화 과정에서 산림은 무분별하게 개발되었고, 장작이나 숯을 얻기 위해 나무를 과도하게 벌목하는 일도 많았다. 이를 극복하기 위해 국가 주도의 대규모 나무심기운동을 전개했는데, 그 결과 단시간 내에 푸르른 숲을 조성한 세계적으로 유례없는 성공 사례가 되었다. 그러나 최근 기후변화와 탄소중립 정책에 따라 산림 용도와 가치가 재해석되고 있다. 현재 우리나라 산림은 생장 주기 변화에 직면하고 있다. 20~30년생까지 왕성한 생장을 보인 이후 점차 둔화하고 있는 것이다. 이에 전체 산림의 66%가 31~50년생(4·5영급)으로 최대 생장 시기를 경과하고 있다.

여기서 '영급'이란 산림 관리의 편의를 위해 정해진 기준으로 한국에서는 나무 임령을 10년 단위로 나누어 관리한다. 1~10년생은 1영급으로 분류되며, 이후 10년 간격으로 구분된다.

이러한 상황에서 산림을 자원으로 바라보고, 영급이 지난 나무는 베어내고 새로운 나무를 심는 대체 작업이 필요하다. 그래야 지속 가능한 산림 관리와 탄소중립 목표에 도달할 수 있다.

벌채도 친환경으로!

2021년, 정부는 탄소중립을 위한 산림 부문 추진 전략을 발표했다. 이 계획의 일환으로 2050년까지 탄소중립을 이루기 위해 나이든 나무를 제거하고 그 자리에 약 30억 그루의 어린 나무를 심어 향후 30년간 3,400만 톤의 탄소를 흡수하겠다는 목표를 세웠다. 연구에 따르면 30년 수령의 침엽수와 20년 수령의 활엽수는 탄소흡수량이 최대에 이르며, 그 이후에는 감소한다. 이 전략은 매년 1억 그루의 어린 나무를 심는 계획을 포함하며, 연간 벌목량을 500만㎥에서 800만㎥로 약 60% 증가시키는 것을 목표로 한다.

그러나 언론에 보도된 벌채 사진은 큰 논란을 일으켰다. 환경단체들은 이 계획이 탄소중립을 빙자하여 30년생 젊은 숲을 무분별하게 벌채할 수 있다며 산림청을 향해 백지화하라고 요구했다.

산림 이용론의 관점에서 본다면 벌채는 수확이다. 산림청과 환경단체 모두 환경 보호라는 같은 목표를 지향하지만 실현하는 방식은

벌채로 민둥산이 되어버린 강원도 홍천군 두촌면 일대 숲
(출처: 《주간조선》, '싹쓸이 벌목 부른 어설픈 탄소중립 전략')

다르다. 산림청은 나무를 심고 가꾸고 이용하면서 산림의 순환 경영과 보전 및 복원을 통해 탄소중립을 이루겠다는 목표를 세웠다. 하지만 경제 이윤만 추구하며 무분별하게 벌채하는 것은 바람직하지 않다. 나무는 지속 가능한 재생 자원으로 잘 자란 나무를 베고 그 자리에 다시 나무를 심으면 30년, 50년 후에는 새로운 목재 자원을 생산하는 선순환 체계를 만들 수 있다. 이를 위해 친환경 벌채가 필요한 것이다.

나무를 베는 벌채가 친환경적일 수 있다니 무슨 뜻일까? 다 자란 나무를 수확하면서도 산림 생태계와 경관 피해를 최소화하고 재해를 예방하기 위해 일정 규모 이상의 나무를 남겨두는 방식이 바로 친환경 벌채이다. 예를 들어, 최소 벌채지 면적의 10% 이상을 원형 또는 정방형의 식물 집단이나 숲으로 남겨두는 것, 단목으로 남겨둘 경우

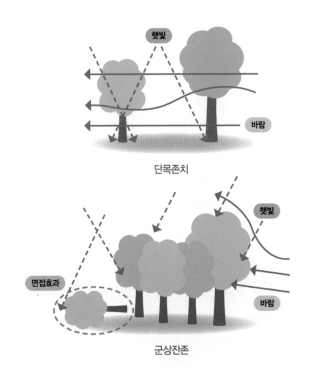

친환경 벌채
(출처: 산림청 공식 블로그)

산림의 생물·비생물적 환경이 나빠지기 때문에 산림영향권을 고려한 군상잔존 벌채 등이 친환경 벌채 양식이라고 할 수 있다. 이러한 방식은 산림을 또 다른 관점에서 보호하는 행동이다.

　우리 모두는 나무 심기의 중요성을 알고 있다. 그러나 이를 실천하는 사람들은 많지 않다. 크게 힘들이지 않고 확실하게 환경을 보호할 수 있는 나무 심기와 가꾸기, 지구를 위한 작은 변화의 시작이다.

위기에서
기회로

위기의 지구, 기회의 미래

버려진 기상관측소 건물을 거처 삼아 살고 있는 북극곰들
(출처: 《한겨레》, '기후위기의 '최후 보루'에서 툰베리가 보내다')

위 사진은 북극곰들이 러시아 연방 추코트카 자치구 콜류친섬의 버려진 기상 관측소에서 살아가는 모습을 담고 있다. 인간이 필요해서 만들고, 결국 인간에게 버려진 건물에 홀로 남은 북극곰의 모습은 어쩌면 미래의 우리 모습일 수 있다.

지구가 지금 우리에게 보내는 이 수많은 경고를 무시한다면 우리도 어쩌면 이런 모습으로 지구에 남을지 모른다. 어느덧 위기는 우리 눈앞에 와 있다. 과연 우리는 이 위기 상황에서 벗어나 새로운 미래로 나아갈 수 있을까? 이제 우리는 이 위기 상황을 해결하기 위해 행동해야 한다. 위기는 곧 기회라는 말처럼 지금의 선택이 미래를 바꾸는 중요한 전환점이 될 것이다.

☑️ 이해하기
우리 앞에 닥친 기후 위기

📋 아포리즘

'견지망월見指亡月, 견월망지見月亡指'는 스님들이 자주 사용하는 법어이다. 달을 가리키는 손가락에만 집착하면 달을 놓친다는 뜻으로, 본질을 깨달았다면 수단은 버려야 한다는 교훈을 담고 있다. 손가락을 달이라고 착각하는 순간, 우리는 달도 손가락도 모두 잃게 된다. 진정한 깨달음은 수단이나 방법에 있지 않으며, 수단이나 방법은 결코 목적이 될 수 없다.

이 교훈은 교사들에게도 적용된다. 학생들을 위한 환경 교육은 교사들이 바라볼 달이어야 한다. 그러나 지식을 가르치는 데 집착하여 손가락만 쫓는다면, 결국 모두가 길을 잃고 학생들은 어떤 의미 있는 배움도 얻지 못할 것이다. 손가락이 아닌 달을 보자. 그것이야말로 진정한 교육과 성장의 길이다.

최근 여러 매체를 통해서 '기후 위기'라든가 '환경 위기'라는 말을 많이 들어보았을 것이다. 2019년 옥스퍼드 사전에서는 올해의 단어로 기후 비상사태 Climate Emergency를 꼽았다. 기후변화를 넘어서 현 상황이 비상사태 또는 위기 상황이라는 걸 강조하기 위해 선정한 단어이다. 과연 우리는 이러한 위기 상황에서 안전할까?

미세먼지 이야기부터 해보자. 이제 누구나 '미세먼지'라는 말을 입

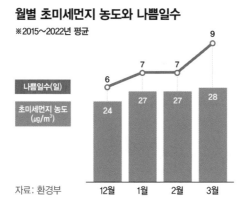

월별 초미세먼지 농도와 나쁨일수

※2015~2022년 평균

나쁨일수(일)
초미세먼지 농도
($\mu g/m^3$)

자료: 환경부

	12월	1월	2월	3월
나쁨일수(일)	6	7	7	9
초미세먼지 농도	24	27	27	28

에 달고 산다. "오늘은 미세먼지 수치가 어때?" "오늘도 미세먼지 농도가 높겠습니다." 등 이제는 미세먼지라는 말이 일상적으로 쓰인다.

미세먼지는 주로 늦가을부터 이듬해 봄까지 집중적으로 발생한다. 특히 3월은 1년 중 초미세먼지 농도가 가장 높고 '나쁨' 일수가 많은 달이다. 초봄에 온난한 이동성 고기압이 주기적으로 한반도에 영향을 미치면서 기류가 안정되고 바람이 약해져, 국내외에서 배출된 미세먼지가 공기 중에 축적되기 때문이다.

2020년 여름, 중부 지역은 54일간의 장마로 역대 최장 기간 장마를 기록했다. 우리나라 장마는 북극 기상 상황, 북대서양 진동 패턴, 엘니뇨(해수면이 상승하는 현상), 서태평양 온도 등 전 세계 대기 특성의 영향을 받는다. 2023년은 3년간 이어진 라니냐(서태평양의 수온이 상승하면서 동태평양의 수온이 낮아지는 현상)가 끝나고 엘니뇨가 시작된 해로 2000년대 중 가장 더운 여름으로 기록되었다.

가을은 태풍 피해의 계절로 2002년 루사, 2003년 매미, 2010년 곤파스, 2022년 힌남노 등 강력한 태풍이 주로 늦여름에서 초가을 사이에 발생하여 막대한 인명과 재산 피해를 남겼다. 특히 2020년에는 가을 태풍이 7개 발생하며 역대 최다를 기록했다. 가을에 더 강력한 태풍이 발생하는 이유는 해수면 온도가 가장 높은 시기와 맞물려 태풍 경로가 한반도로 형성되고, 북쪽의 차가운 공기와 태풍의 따뜻한 공기가 만나 대기 불안정이 심화되기 때문이다.

2024년 1월 겨울은 지구 평균기온이 산업화 이전(1850~1900년) 1월 평균보다 1.66도 상승하며 역대 가장 따뜻한 1월로 기록되었다. 이는 파리기후변화협약의 1.5도 목표를 넘어선 수치이다. 우리나라 역시 2024년 1월 평균기온이 2.4도로, 현대적 관측이 시작된 1973년 이후 두 번째로 따뜻한 겨울로 기록되었다(가장 따뜻했던 겨울은 2019년의 2.8도였다).

이런 위기 속에서 사람들의 관심도 변화하기 시작한 걸까? 최근 환경문제가 트렌드로 나타나기 시작했다. 그중 가장 인상적인 사례는 2022년 구글 트렌드에서 대한민국 종합 1위를 기록한 검색어가 '기후변화'였다는 점이다. '기후변화'가 검색어 1위를 차지했다는 사실은, 다소 늦은 감이 있지만, 우리 사회에서 기후변화가 중요한 이슈로 주목받고 있음을 보여준다.

흥미로운 점은 이러한 변화가 단순히 세계적인 추세를 따라간 결과가 아니라는 점이다. 전 세계적인 검색 트렌드에서 '기후변화'는 상위권에 들지 않았지만 우리나라에서는 새롭게 부상하는 흐름으로 자리 잡았다. 이는 2023년에도 계속되고 있으며, '기후변화'라는 문제가 한국 사회에서 점차 중요한 트렌드로 자리 잡고 있음을 보여준다.

이러한 흐름은 기회가 될 수 있다. 기후변화라는 문제를 트렌드로 받아들이고 행동과 정책으로 연결할 수 있는 계기로 삼는다면, 우리는 지금보다 더 나은 미래를 만들어갈 수 있을 것이다.

🌐 계절 속 환경

계절 이름의 유래와 속뜻

1. **봄은 '보다'**(보다→보옴→봄)의 명사형으로 따뜻한 봄에는 자연의 볼거리가 많다는 뜻을 담고 있다.
2. **여름은 '열다'**(열다→열음→여름)의 명사형으로 넘치는 기운으로 세상을 만든다는 뜻을 담고 있다.
3. **가을은 '거두다'**(갓+을(끊다)→가슬→가을)의 변형으로 열매를 거둔다는 뜻을 담고 있다. 남부지방에서 쓰는 '가실하다'라는 단어는 '추수하다'라는 뜻을 가진 방언이다.
4. **겨울 '머물다'**(겻+을→겨슬→겨울)의 변형으로 집에 머문다는 뜻을 담고 있다.

기후변화 앞에 서 있는 우리, 어떤 선택을 해야 할까?

2001년 9월 11일, 전 세계가 충격에 빠졌던 그날 아침의 한 장면은 많은 사람들의 기억 속에 생생히 남아 있다. 오전 8시 46분 보스턴에서 출발한 아메리칸항공 여객기가 뉴욕 세계무역센터 북타워를 강타했다. 이 충돌의 여파로 북타워와 연결된 남타워에서도 진동이 느꺼지면서 수천 명이 비상계단으로 몰려갔다. 혼란스러운 상황에서 안내 방송이 나왔다. "남타워는 안전하니 사무실로 돌아가십시오." 비상계단에 서 있던 사람들은 갈림길에 섰다. 사무실로 돌아갈 것인가, 아니면 건물을 빠져나갈 것인가? 생존자들의 증언에 따르면, 일부는 안내 방송을 믿고 사무실로 돌아갔고, 일부는 건물을 빠져나갔다고 한다. 그러나 안내 방송과는 달리 얼마 지나지 않아 두 번째 여객기가 남타워를 강타했고, 이후 62분 만에 건물은 붕괴되었다.

그 짧은 순간에 어떤 결정을 했는지가 생과 사를 갈랐다. 무엇이 옳은 선택인지 명확하지 않은 혼란 속에서 그들은 각자의 경험과 성향을 바탕으로 한 가지를 선택했다. 이 선택은 단순히 직감으로 결정된 것이 아니라 지금까지 자신의 삶에서 축적된 사고와 판단의 결과였을 것이다.

최근 지구에서 일어나고 있는 기후변화도 이때와 같은 선택의 순간을 마주하고 있는 건 아닐까? 기후변화라는 위기 신호를 받고 있는 지금, 우리는 어떤 선택을 해야 할까? 신호를 무시하고 기존의 방식 대로 살아갈 것인가, 아니면 경로를 수정하고 새로운 길을 선택할 것인가? 이 선택이 우리의 미래를 바꿀지도 모른다. 지금 우리가 마주하고 선 이 순간은 단순한 위기가 아니라 미래를 위한 중요한 전환점이 될 수 있다.

진화하는 환경문제

1991년에 일어난 낙동강 페놀 사건은 우리 사회에서 매우 중요한 사건으로 남아 있다. 당시 한 기업의 페놀 이동 통로인 파이프가 파손되면서 발암물질인 페놀이 낙동강에 누출되어 발생한 이 사건은 법과 제도에 변화를 가져왔다. 하지만 시간이 지나면서 낙동강이라는 지역에 국한된 지엽적인 문제로 서서히 잊히고 말았다.

그로부터 10년 후, 기후변화라는 환경문제가 주목받기 시작했다. 그러나 기후변화는 지구적 관점에서 너무 거대하고 추상적이어서 많은 사람들이 문제의 심각성을 감지하지 못한다. 북극곰이 우리 집 앞에서 죽거나 해수면 상승으로 집이나 학교가 물에 잠기는 상황은 일어나지 않으니까 말이다. 그로 인해 기후변화는 사회 전반에서 인식과 행동 변화를 이끌어내는 데 한계를 보여왔다.

그리고 그로부터 다시 10년 후, 미세먼지 문제가 대두되었다. 미세먼지는 앞선 두 문제와는 달리 특이한 성격을 가진 환경문제이다. 낙동강 페놀 사건처럼 지나치게 지엽적이지도 않고, 기후변화처럼 거대하고 추상적이지도 않다. 미세먼지는 우리가 직접 관찰할 수 있고 피해를 체감할 수 있는 문제이다. 게다가 그 원인을 추적해 보면 우리 일상과 밀접하게 연결되어 있다는 점에서 사람들에게 더욱 큰 충격을 준다.

미세먼지 문제는 우리가 처음으로 진지하게 환경문제에 대해 고민하게 만든 사건이다. 이 문제를 통해 우리는 환경문제를 어떻게 바라

2021년 5월 8일
미세먼지 농도 583㎍ 내외

2023년 9월 7일
미세먼지 농도 16㎍ 내외

봐야 하며, 사회적으로 어떤 변화를 추구해야 하고, 이를 막기 위해 어떤 행동을 해야 하는지에 대해 진지하게 논의하기 시작했다.

🌐 기념일 속 환경

우리가 제정한 '푸른 하늘의 날'

9월 7일은 '푸른 하늘의 날International Day of Clean Air for blue skies'로 전 세계적으로 깨끗한 공기의 중요성을 인식하고 대기오염을 줄이기 위한 조치를 촉구하는 날이다. 이날은 대기오염의 심각성과 이것이 건강에 미치는 영향, 환경 보호의 필요성에 대한 공공의 인식을 높이고 국제 협력을 강화하기 위해 제정되었다.

푸른 하늘의 날은 2019년 우리나라가 최초로 제안한 국제 기념일로 유엔(UN)의 승인을 받아 전 세계적으로 기념하고 있다. 이는 대기오염 문제 해결에 대한 세계적인 관심을 환기시키고, 각국이 지속 가능한 환경을 위해 협력하는 계기가 되고 있다.

위기는 곧 기회

환경문제는 분명 위기에 처해 있다. 하지만 우리는 늘 말한다. '위기는 곧 기회'라고. 위기가 닥쳤다는 사실보다 더 중요한 것은 이러한 위기를 어떻게 기회로 전환하는가이다.

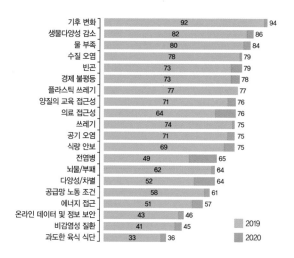

인류의 지속가능성을 위협하는 시급한 문제들

문제	2019	2020
기후 변화	92	94
생물다양성 감소	82	86
물 부족	80	84
수질 오염	78	79
빈곤	73	79
경제 불평등	73	78
플라스틱 쓰레기	77	77
양질의 교육 접근성	71	76
의료 접근성	64	76
쓰레기	74	75
공기 오염	71	75
식량 안보	69	75
전염병	49	65
뇌물/부패	62	64
다양성/차별	52	64
공급망 노동 조건	58	61
에너지 접근	51	57
온라인 데이터 및 정보 보안	43	46
비감염성 질환	41	45
과도한 육식 식단	33	36

(출처: 환경부(2021), 〈미래 사회 변화에 대비한 국가 수준 환경교육표준 시안 개발 연구〉)

인류의 지속 가능성을 위협하는 문제는 굉장히 많다. 최근 우리가 경험한 코로나19 같은 감염병은 우선순위로 따지면 14위 정도에 해당한다. 그보다 위에 위치한 문제로는 물 부족과 물 안보, 대기 오염, 쓰레기 문제, 의약과 건강에 대한 접근성, 교육 형평성 등이 있다. 모두 시급한 과제이다. 하지만 이러한 문제 가운데 가장 심각한 최종 단계는 기후변화이다.

우리가 이러한 위협을 단순히 위기로만 인식한다면 그 위기는 현실이 될 가능성이 크다. 그러나 이를 기회로 받아들이고 적극적으로 대응한다면, 우리는 미래를 더 나은 방향으로 바꿀 수 있을 것이다.

코로나19가 가져간 기회

코로나19는 2019년 중국 후베이성 우한에서 처음 발생한 이후, 전 세계로 빠르게 확산되며 팬데믹(세계적 대유행)으로 발전했다. 이로 인해 환경 위기를 기회로 바꿀 수 있는 여러 가능성이 사라졌다. 2015년 파리기후변화협약 같은 중요한 기후 목표 달성을 위한 국제 논의와 협약이 연기되거나 중단되었고, 많은 정부가 경제 회복을 위해 기존의 화석 연료 기반 산업에 의존하게 되었으며, 방역을 이유로 일회용품과 플라스틱 사용이 급증하는 부작용도 나타났다.

더 큰 문제는 코로나19라는 위기를 우리 사회가 기회로 잡지 못했다는 점이다. 위기는 언제나 존재해 왔다. 중요한 것은 이를 기회로 전환할 수 있는 역량이 필요하다는 점이다. 그러나 코로나19 대응에서 우리는 방역에만 집중하며 소극적인 대처에 머물고 말았다. 코로나19를 단순히 위기로만 인식하고 이를 피하는 데에만 몰두했다면 백신 개발이라는 중요한 성과를 경험하지 못했을 것이다. 국민 방역을 통한 안전 보장과, 향후 지속적으로 발생하게 될 감염병에 대한 백신 개발 같은 의료 분야 발전은 함께 잡을 수 없는 두 마리의 토끼였을까? 코로나19가 준 위기를 기회로 바꿀 수 있는 한 마리의 토끼는 아니었을까?

코로나19를 통해 우리는 감염병 대응 체계를 경험할 기회를 얻었다. 이는 감염병이 발생했을 때 어떻게 대처해야 하는지 학습하는 중요한 연습이었다. 그러나 코로나19 이후로 우리 앞에는 기후변화라는 더 거대한 문제가 놓여 있다. 기후변화는 물론 위기이지만, 기존의 경제 및 사회 체계를 개선할 기회이기도 하다. 실제로 많은 기업이 이러한 기회를 잡기 위해 구조 개혁과 과학 기술 개발에 나서고 있다. 애플은 부품 재활용률을 높이고 있으며, 아마존은 배송 시스템에 전기차를 투입하고 있다. 마이크로소프트는 탄소 제거 기술 개발을 위한 기금을 마련하고 있고, 구글과 페이스북은 태양광 사업 등을 통해 재생에너지 사용 비율을 높여가고 있다. 이러한 변화를 흔히 'ESG 경영'이라 부른다. ESG 경영은 환경(Environment), 사회(Social), 지배 구조(Governence)를 개선하는 것을 넘어 미래의 지속 가능한 경제 체계를 구축하기 위한 경영 원리를 가리킨다.

전 세계 기업이 ESG 경영을 중심으로 체질 개선에 나서고 있는 지금, 과연 우리는 위기의 경험을 기회로 살리는 방향으로 나아간다고 자신 있게 말할 수 있을까?

우리가 책임감을 가져야 하는 이유

기후변화와 환경문제를 기회로 삼아 변화를 이끌어내려면 먼저 자신의 행동에 책임감을 가져야 한다. 특히 우리나라는 다른 나라보다 더 큰 책임감을 가져야 한다. 2016년 기준으로 국가 면적 대비 인당 자원 소비량이 8.4배로 가장 큰 나라이며, 2013~2015년 유엔 식량 농업기구(FAO) 통계에 따르면 1인당 연간 수산물 소비량이 58.4kg 으로 주요국 중 1위를 차지했기 때문이다. 이는 수산물 소비국으로 잘 알려진 일본(50.2kg)보다 높은 수치이다. 또한 2016년 기준 국민 1인당 연간 플라스틱 소비량 세계 1위, 2015년 기준 1인당 비닐봉지 사용량 420개로 기록되었다. 자원을 과도하게 소비하고 있는 것이다.

책임감은 영어로 'Responsible'(반응을 의미하는 'Response'와 능력을 뜻하는 'Ability'의 합성어)이라 한다. '반응을 보일 수 있는 능력'을 뜻한다. 우리가 배출하는 이산화탄소가 지구 온도를 상승시키고 있다는 것을 자각하고 일말의 책임감을 느껴야 한다. 거기서부터 변화가 시작되는 것이다.

이러한 책임감을 느끼려면 두 가지 사고방식을 가져야 한다. 첫째는 과학적 사고이다. 개인적 경험(일화)과 통계를 구분하고, 일화에 휘둘리지 않으며, 확률과 통계적 관점에서 세상을 해석하는 능력을 갖추어야 한다는 뜻이다.

둘째는 사회적 상상력이다. 과학적 사고가 우리에게 가능성과 기술 발전의 기반을 제공했다면, 사회적 상상력은 이러한 과학적 사고를 바탕으로 현실 문제를 해결하는 데 사용된다. 눈앞의 문제를 단계적으로 해결하는 것이 아니라 20년 또는 30년 후의 모습을 상상하고 그 결과를 예측하며 실질적인 해법을 찾는 방식이다.

이 두 가지 사고방식을 결합한다면 우리는 더 나은 미래를 향한 책임감 있는 선택을 할 수 있을 것이다.

☑ 탐구하기
환경 관련 데이터 과학적으로 살펴보기

독일 베를린에 설립된 연구소 MCC
(출처: MCC 홈페이지, 'It's time: MCC will be part of the Potsdam Institute for
Climate Impact Research from early 2025')

MCC(Mercator Research Institute on Global Commons and Climate
Change)는 2012년 독일 베를린에 설립된 연구소로, 기후변화와 지
속 가능한 개발 분야에서 세계적으로 선도적인 역할을 하고 있는 기
관이다. 이 연구소의 주요 목표는 대기와 해양 같은 글로벌 공공재
와 관련된 문제를 심도 있게 연구하고, 기후변화가 사회 및 경제 분
야에 미칠 영향력에 대응하기 위한 실질적이고 혁신적인 정책 솔루
션을 제공하는 것이다. 이 연구소는 기후 전문 지식을 정책 자문에
결합하는 포괄적 가치를 제안하는 기관으로 독일 정부의 전폭적인
지지를 받고 있다.

☑ 질문하기

질문 1. MCC 연구소에서 제공하는 탄소 시계는 지구온난화를 각각 최대 1.5℃와 2℃로 제한하기 위해 얼마나 많은 이산화탄소를 대기 중으로 방출할 수 있는지를 보여주고 있다. 그렇다면 지구온난화를 1.5℃와 2℃로 구분하여 시나리오를 설정한 이유는 무엇일까?

✎ 핵심 정리

1.5℃와 2℃의 차이는 단순히 숫자의 문제가 아니라 지구온난화의 임계점을 이해하는 핵심 개념이다. 0.5℃의 차이는 지구 환경과 인간 사회에 미치는 영향에서 매우 큰 차이를 만들어낸다. 극한 기후 현상의 발생 빈도, 해수면 상승 폭, 생물 다양성 감소 정도에서 큰 차이가 나타나며, 특히 2℃가 상승할 때에는 돌이킬 수 없는 환경 변화의 가능성이 급격히 높아진다. 구체적으로 살펴보면 다음과 같다.

• **산호초 생존율**: 1.5℃ 상승 시 약 10~30% 산호초가 생존할 가능성이 있는 반면, 2℃ 상승 시에는 대부분의 산호초가 멸종 위기에 처한다.

- **해수면 상승:** 2℃ 상승 시 해수면 상승 폭은 1.5℃보다 훨씬 커져 저지대 지역의 침수가 가속화된다.
- **극한 기후 현상:** 폭염, 폭우, 가뭄 등의 빈도와 강도가 2℃ 상승 시 훨씬 더 심화된다.

이처럼 두 온도의 상승 시나리오 간의 차이를 이해하는 것은 왜 이 목표를 구분하여 설정해야 하는지 이해하는 첫 단계이다. 이러한 차이는 과학 시나리오 설정뿐만 아니라 사회적, 생태적 영향을 분석하고 국제 협력 및 정책 목표를 설정하는 데도 중요한 영향을 미친다.

1.5℃ 시나리오에서는 조금 완화된 정책으로도 효과를 볼 수 있지만, 2℃ 시나리오에서는 훨씬 강력한 조치가 필요하다. 이러한 차이를 이해하고 각 시나리오에 따라 우리가 어떻게 행동하고 어떤 정책을 세워야 하는지 스스로 생각해 보는 과정은 기후문제 해결의 시작점이다.

질문 2. 다음은 MCC가 제시한 2021년 3월 27일의 탄소 시계와 2022년 6월 24일의 탄소 시계 사진이다. 탄소 시계를 유심히 살펴보면 이상한 점을 발견할 수 있는데, 그것은 무엇일까?

2021년 3월 27일

2022년 6월 24일

✏️ 핵심 정리

탄소 시계는 지구온난화까지 남은 시간을 시각적으로 보여주는 도구이다. 현재와 같은 속도로 온실가스를 배출할 경우, 지구 평균기온이 산업화 이전보다 1.5℃ 또는 2℃ 상승하는 데까지 남은 시간을 알려준다. 말 그대로 '카운트다운 시계'이다. 따라서 탄소 시계는 시간이 흐를수록 시간이 줄어들어야 한다.

하지만 제공된 사진 속 탄소 시계에는 이상한 점이 있다. 2021년 3월 27일 사진에서는 1.5℃ 상승까지 6년 9개월 1일이 남았다고 표시되어 있고, 2022년 6월 24일 사진에서는 1.5℃ 상승까지 7년 29일이 남았다고 표시되어 있다. 2021년 3월에서 2022년 6월까지 약 1년 3개월이 지났는데도 남은 시간이 오히려 늘어난 것이다.

질문 3. MCC 연구소의 탄소 시계는 시간이 흐를수록 남은 시간이 줄어들어야 한다. 그런데 위에 제시된 탄소 시계를 보면 시간이 흘렀음에도 남은 시간이 늘어났다. 왜 그럴까?

핵심 정리

위와 같은 질문에 대해 어떤 사람들은 해당 시기가 코로나19가 유행한 시기라는 점을 이유로 든다. 코로나19 등으로 인류의 생산과 소비 활동이 줄어들어 이산화탄소 배출량이 줄었기 때문에 탄소 시계의 남은 시간이 늘어났다는 것이다. 얼핏 보면 그럴싸한 답변이지만 정답이 아니다. 이러한 단순한 생각이 상식에 근거한 오류라고 할 수 있다.

탄소 시계를 자세히 살펴보면 초당 이산화탄소 배출량을 찾을 수 있다. 두 시기의 이산화탄소 배출량을 비교해 보자. 문제의 원인은 다른 곳에 있다는 것을 알게 될 것이다. MCC 연구소 홈페이지에 방문하면 이에 대해 친절하게 안내되어 있는데도 사람들은 그 정보를 애써 외면한다. 과학적 사고의 첫걸음은 사실 확인에 있다는 사실을 명심했으면 한다.

그렇다면 탄소 시계의 남은 시간이 왜 늘어났을까? 이 현상은 새로운 데이터와 분석 결과를 반영하여 탄소 시계를 업데이트했기 때문에 발생했다. MCC 탄소 시계는 지구 평균기온 상승을 1.5℃와 2℃로 제한하기 위해 대기로 배출할 수 있는 이산화탄소의 최대량을 보여준다. 이 데이터를 바탕으로 현재 이산화탄소 배출 속도를 기준 삼아 남은 시간을 계산하며, 새로운 과학적 데이터가 반영될 때마다 남은 시간이 조정된다. 탄소 시계는 IPCC Intergovernmental Panel on Climate Change(기후변화에 관한 정부 간 협의체)의 데이터에 기반하여 최신 연구 결과를 반영한다. IPCC는 2021년 여름, 여섯 번째 평가 보고서(AR6) 첫 번째 부분을 발표하며 남은 탄소 예산을 업데이트했다. 위의 두 가지 탄소 시계는 업데이트 전후의 차이를 기반으로 계산된 것이다.

지구 평균기온 상승을 1.5℃로 제한하면 2020년 기준으로 약 400억 톤(Gt)의 이산화탄소를 추가로 배출할 수 있는데, 현재 연간 배출량이 약 42.2Gt임을 고려할 때 이 예산은 약 6년 이내에 소진될 것으로 예상되었다. 2℃ 상승을 제한하기 위한 탄소 예산은 1,150Gt로 약 23년의 여유가 있는 것으로 평가되었다.

또한 탄소 시계는 대기 중 온실가스 농도와 온난화 효과 간의 시차를 고려한다. 이는 배출량과 온도 상승 사이의 비선형적 관계 때문에 지구온난화가 일정 시점에 즉각적으로 반영되지 않을 수 있음을 의미한다. 따라서 기술 발전과 정책 변화가 배출량 감소에 이바지한다면 남은 시간은 연장될 수 있다.

결론적으로 탄소 시계는 단순히 남은 시간을 표시하는 시계가 아니라 실시간으로 변화하는 과학적 데이터를 반영하여 정책 결정자들에게 긴급하게 행동해야 함을 시사하는 살아 있는 지표라 할 수 있다.

✅ 행동하기
어른들이 아이의 미래를 훔치고 있다

'기후를 위한 학교 파업'을 주도한 그레타 툰베리
(출처: 《씨네21》, "'그레타 툰베리' 15살 환경운동가 그레타 툰베리의 1년')

2018년 8월, 스웨덴의 한 소녀가 홀로 팻말을 들고 거리에 섰다. 소녀의 이름은 그레타 툰베리Greta Thunberg. 그녀는 학교에 가는 대신 금요일마다 스웨덴 국회의사당 앞에서 '기후를 위한 학교 파업'을 벌였다. 툰베리의 용기 있는 행동은 SNS를 통해 빠르게 확산되었고, 전 세계 청소년들에게 깊은 울림을 주었다.

6개월 후인 2019년 3월 15일, 전 세계 125개국에서 100만 명이 넘는 청소년들이 거리로 나와 기후 위기에 대한 대응을 촉구했다. 학교에 가는 대신 시위에 참여한 이들은 '미래를 위한 금요일Fridays For Future'이라는 이름 아래 하나가 되었다. 사상 첫 '글로벌 기후 파업'으로 기록된 순간이다.

미래를 위한 금요일

"어른들이 아이의 미래를 훔치고 있다. 당신들은 자녀를 가장 사랑한다고 말하지만 기후변화에 적극적으로 대처하지 않는다."

2018년 12월, 제24차 UN 기후변화협약 당사국총회(COP24)에서 툰베리가 한 말이다.

어른들이 아이들의 미래를 훔치고 있다는 툰베리의 외침은 우리 사회에 큰 울림을 주었다. 물론 모든 어른을 비난할 수는 없지만 분명히 우리 사회에는 아이들의 미래를 훔치는 사람들이 존재한다. 한편으로는 어른들의 미래를 훔치는 아이들이 있을지도 모른다. 우리의 꿈과 희망을 빼앗아가는 존재는 누구일까? 이 질문은 우리 자신의 삶, 우리가 속해 있는 지역 사회, 정부, 그리고 세계를 향해 던져야 할 중요한 화두이다.

이 화두에서 시작된 '미래를 위한 금요일'은 2018년 8월, 청소년 주도로 시작된 운동이다. 당시 열다섯 살이었던 툰베리와 젊은 활동가들이 학교 대신 스웨덴 의회 앞에 앉아 기후 위기에 대한 행동 부족에 항의하며 시작한 이 운동은, 작은 외침에서 시작해 전 세계적으로 확산되었다.

툰베리의 행동은 어른들의 관심을 끌면서 기후 파업이 더욱 큰 규모로 성장하는 계기가 되었다. 2019년 9월, 약 400만 명이 넘는 사람들이 기후 위기의 심각성을 알리고 변화를 촉구하기 위해 거리로 나섰다. 열다섯 살 소녀의 용기 있는 행동은 우리 모두에게 중요한 메시지를 던졌다. 기후변화는 더 이상 외면할 수 없는 문제이며, 지금이 바로 행동할 때라는 것이다.

이들은 기후 위기의 위험성을 알리는 데서 그치지 않고, 우리의 미래와 삶이 생태계 붕괴와 기후 위기로부터 직접적으로 위협받고 있음을 알리면서 사고의 전환을 요청하고 있다. 이 운동의 목표는 지구의 아름다움, 생물의 다양성, 모든 생명의 삶을 보호하며, 인간과 환경이 조화롭게 공존하는 사회를 만드는 것이다.

'미래를 위한 금요일'의 주요 활동
1. **기후 긴급 상황 인식:** 이 운동은 기후변화가 가져올 잠재적인 위험에 대한 인식을 높이고, 정부와 기업에 책임을 묻는 것을 목표로 한다.
2. **정책 영향:** 탄소중립을 달성하고 환경을 보호하기 위한 다양한 정책을 촉구한다.
3. **국제 협력:** 다양한 국가와 문화에서 이 운동에 참여하고 있으며, 기후문제에 대한 국제적인 해결을 추구한다.

다양한 캠페인을 전개하다

The Forest Biomass Scam

Clean Up Standard Chartered

Break Free From Formula1   End The Era Of Fossil Fuels

(출처: 미래를 위한 행동 홈페이지)

유럽에서 시작된 'The Forest Biomass Scam' 캠페인은 숲을 연료로 사용하는 것이 기후에 미치는 부정적인 영향을 폭로하면서 숲을 태워 에너지를 생산하는 행위에 반대했다. 유럽 일부 지역에서는 바이오매스 에너지 생산이 '친환경적'이라고 홍보되고 있지만, 이 방법은 사실상 대기 중 이산화탄소 방출을 증가시키고 생태계를 파괴하며 생물 다양성을 감소시키는 등 많은 환경문제를 일으키고 있다.

'Clean Up Standard Chartered' 캠페인은 환경 파괴와 인권 침해에 자금을 지원하는 문제를 폭로하고 있다. 스탠다드 차타드 은행은 세계 최대의 화석연료 금융기관 중 하나로 아시아와 아프리카의 최소 발전된 지역에 화석 연료 사업, 특히 석탄 발전소와 광산 개발을 위한 자금을 집중적으로 지원해 왔다. 이 은행은 대형 탄광 회사와 남아프리카의 석탄 발전소 운영 및 확장 계획을 적극적으로 지원하고 있다.

이 캠페인은 금융기관이 환경 파괴와 인권 침해에 어떻게 기여하는지 공개하면서 소비자와 시민들이 더욱 의식적으로 금융 관련 결정을 내릴 수 있도록 돕고 있다. 또한 화석 연료에 대한 금융 지원을 중단하고 재생 가능 에너지로 전환을 촉진하는 데 중요한 역할을 하고 있다.

'Break Free From Formula1'은 유니세프와 포뮬러 원ғ1(국제 자동차 프로 레이싱 대회)이 맺은 파트너십이 기후변화와 환경문제에 대한 책임과 부합하지 않는다는 점을 지적하는 항의의 일환으로 시작된 캠페인이다. 포뮬러 원은 화석 연료 산업과 연계되어 있을 뿐만 아니라 아제르바이잔, 바레인, 사우디아라비아와 같은 독재 정권의 후원을 받고 있다는 점에서 문제로 지적된다. 또한 포뮬러 원은 매 시즌 25만 6,000톤 이상의 이산화탄소를 배출하여 기후 위기를 부추기는 대회라고 비판받고 있다. 유니세프가 더욱 지속 가능하고 책임 있는 파트너십을 구축하여 어린이의 권리와 복지를 보호하는 데 기여하기를 바라는 마음에서 이런 비판이 제기되고 있는 것이다.

화석 연료 시대의 종식을 촉구하는 'End The Era Of Fossil Fuels' 캠페인은 이젠 우리에게 선택이 아닌 필수이다. 화석 연료는 지구와 사회에 막대한 피해를 입히고 있으며, 특히 가난하고 소외된 지역 사회가 가장 큰 고통을 받고 있다. 이 산업은 환경 파괴를 가속화하고, 식민주의와 같은 구조적 문제를 강화하며, 기후변화에 대한 취약성을 높이고 있다.

그러나 희망은 있다. 전 세계적으로 많은 사람들이 화석 연료 산업에 맞서 싸우고 있으며, 새로운 파이프라인 개발과 채굴 확대에 저항하고 있다. 이들은 녹색 자본주의의 거짓된 해결책에 도전하며, 지금보다 더욱더 지속 가능한 미래를 만들기 위해 노력하고 있다. 이러한 움직임은 화석 연료 시대의 종말을 향한 중요한 전환점이다.

시민의 탄생, 청소년 기후행동

'2021년 시스템을 정복하라(UprootTheSystem)', '2022년 이윤보다는 사람(PeopleNotProfit)', '2023년 위기를 넘는 우리의 힘(Our Power Beyond Crisis)' 등의 메시지는 '미래를 위한 금요일' 운동이 강조하는 핵심 가치를 잘 보여준다. 이 메시지들은 무한한 성장과 이윤만을 추구하는 자본주의 시스템이 기후 위기의 근본 원인이라는 청소년 기후 활동가들의 인식을 담고 있다.

한국에서는 '미래를 위한 금요일'의 지부 격인 '청소년 기후 행동'이 활발히 활동하고 있다. '청소년 기후 행동'은 기후 위기의 심각성을 깨달은 청소년들이 자발적으로 모여 만든 단체로 모두가 안전하게 살 수 있는 세상을 만들기 위해 기후 위기에 적극 대응하고 있다. 이들은 지금 우리 앞에 놓인 기후 위기에 좌절하거나 기후 위기 해결에 대한 열망을 포기하지 않고, 적극적으로 행동하고 변화를 촉구하면서 적극적으로 대처하고 있다.

이들은 기후 위기에 대응하는 정책 변화를 촉구하고, 평등하고 안전한 사회 구조로 전환을 요구하는 활동을 전개하고 있다. 또한 전 세계 청소년들과 '미래를 위한 금요일' 운동에 동참하여 글로벌 연대

2019년 기후 파업에 참가해 정부의 기후 위기 대책 마련을 촉구하는 청소년들
(출처: 〈뉴스펭귄〉, '청소년 기후파업이 어른들 삶을 바꿔놓았다')

를 실천하고 있다. 이와 더불어 헌법 소원을 통해 정부의 미흡한 기후 정책을 비판하며 법적 대응에도 힘쓰고 있다. 이러한 활동은 청소년들이 미래의 주체로서 책임감을 가지고 변화를 이끌어가는 시민으로 성장하고 있음을 보여준다.

부당한 대우를 받고 있다면 당근을 흔들어 주세요

2021년, 서울에서 열린 'P4G 정상회의' 행사장 앞에 청소년들이 썩은 당근 217kg을 쏟아부었다. 인터넷 밈에서 차용한 표현으로 부당하거나 위급한 상황을 알리는 신호로 쓰이는 당근을 통해 퍼포먼스를 진행한 것이다. 217kg의 당근은 2030년까지의 온실가스 최소 감축 목표량($217MtCO_2$)을 상징적으로 나타내며, 정부의 기후 위기 대응이 말뿐이라는 것을 비판하는 행동이었다.

'청소년 기후 행동'은 이러한 행동을 통해 폭염, 태풍 등 기후 재난

이 일상화되는 상황에서 청소년들이 느끼는 불안과 우려를 대변했다. 이들은 기후 위기 대응이 생존 문제를 넘어, 미래 세대의 삶의 질과 존엄을 지키기 위한 활동임을 강조하면서 정부와 사회에 책임 있는 대응을 촉구하고 있다.

청소년 기후 행동은 기후 위기 대응의 선두에 서서 청소년들의 목소리가 중요하다는 것을 강조한다. 이들은 자신의 행동이 변화를 이끌 수 있음을 보여주며, 기후 위기라는 거대한 문제 앞에서 희망과 실천의 가능성을 제시하고 있다.

2021년 5월 27일 P4G 행사 중 '청소년 기후 행동'의 퍼포먼스
(출처: 《한겨레》, '썩은 당근 쏟아부으며, 기후 위기대응 촉구')

미래 세대의 용기와 기성세대의 타협

기후 위기는 더 이상 간과할 수 없는 긴급한 상황이다. 과학자들은 2023년 기준으로 5년 안에 지구 평균온도가 산업화 이전 대비 1.5℃

를 넘어설 확률이 66%에 달한다고 경고하고 있다. 이러한 위기는 화석 연료에 의존하는 현재의 에너지 체제에서 기인한 것이다.

2023년 9월 15일, 전 세계적으로 '화석 연료 시대의 종말End the Era of Fossil Fuels'을 주장하는 기후 파업이 동시다발적으로 열렸다. 우리나라에서는 비 오는 금요일 오후 2시, 강원도 삼척에서 화석 연료 퇴출을 외치는 집회가 열렸다. 삼척은 한국에서 마지막으로 건설 중인 석탄 발전소가 위치한 지역으로, 이 활동은 화석 연료 의존을 줄이고 재생 가능 에너지로 전환을 가속화하는 데 중점을 두었다. 이러한 청소년들의 용기 있는 행동은 9월 23일 토요일 서울 광화문에서 열린 기성세대 중심의 '기후정의행진'과 대조적이었다. 주말에 서울에서 진행된 행진과 비 오는 금요일 삼척에서 진행된 파업 중 무엇이 더 진정성과 용기를 보여주는 행동인지 생각해 보아야 한다.

우리도 늙어서 죽고 싶어요!

2020년 10월, 교육부는 '기후 위기 대응, 교육을 통해 시작하다'를 주제로 미래 세대와 함께하는 정책 대화를 진행했다. 이 자리는 기후 변화에 대한 세계적 인식 변화와 국내 청소년 기후 행동의 요구에 정부가 응답하면서 마련된 자리였다. 당시 사회를 맡았던 필자는 유은혜 교육부 장관과 함께 간담회를 진행했다. 유은혜 장관은 청문회 기간 중이었는데도 자리를 떠나지 않고 청소년들의 발언을 경청하며 오늘은 청소년들의 이야기를 듣는 자리라고 강조했다.

교육부와 미래 세대가 함께한 정책 간담회

이러한 자세는 정부가 청소년들의 목소리에 귀 기울일 준비가 되어 있음을 보여주었다. 그러나 아쉬운 점은 청소년들이 이 자리에서 감정적인 호소, 사회운동가적 발언, 기후 불안에 대한 울먹임 등에 2시간을 모두 사용했다는 점이다. 만약 청소년들이 조금 더 협상에 대한 준비가 되어 있어 구체적이고 논리적인 요구를 제시했다면, 기후 위기에 대한 교육 정책이 달라질 가능성이 있었을 것이다.

물론 청소년들에게만 책임이 있는 것은 아니다. 이들을 준비시키고 교육해야 할 기성세대의 책임이 더 크다고 할 수 있다. 기후 위기에 대한 인식 전환을 넘어, 좀 더 구체적이고 현실적인 정책 대안을 제시했다면 더 의미 있는 토론회 자리가 되었을 텐데 아쉬움이 컸다. 다음 세대가 또 한번 이런 기회를 갖는다면 모두 함께 꼼꼼히 준비해서 환경문제가 국가 정책에 적극 반영될 수 있도록 노력해야 할 것이다.

안녕,
비인간 동물

동물의, 동물에 의한, 동물을 위한

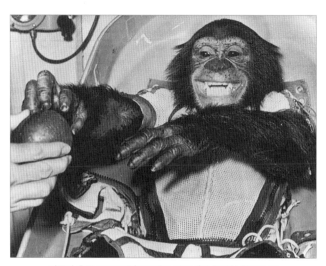

미국의 우주 프로그램 '프로젝트 머큐리'에 참여한 침팬지 햄
(출처: National Archives 홈페이지, 'Photograph of Ham the Space Chimp
After Orbiting the Earth, January 31, 1961')

햄Ham은 1957년 7월에 태어나 1983년 1월 19일에 사망한 침팬지로
'우주 침팬지' 또는 'Ham the Astrochimp'로 알려져 있다. 햄은
1961년 1월 31일 미국 우주 프로그램 '프로젝트 머큐리Project Mercury'의
일환으로 수행된 머큐리-레드스톤 2Mercury-Redstone 2 임무에서 아열대
비행을 수행한 최초의 대형 유인원이다.

☑ 이해하기
내가 웃는 게 웃는 게 아니야!

📄 **아포리즘**

한 나라의 위대성과 그 도덕성은,
동물을 다루는 태도로 판단할 수 있다.

— 마하트마 간디

1961년 당시 사람들은 우주여행을 무사히 마치고 돌아온 햄이 사과를 받으며 웃고 있다고 믿었다. 침팬지 햄은 정말로 웃고 있는 것일까? 동물 행동학이 발달하면서 햄의 표정을 분석한 결과, 침팬지는 극도의 공포를 느낄 때 입을 벌리고 이빨을 드러내는 표정을 짓는다는 사실이 밝혀졌다. 햄은 우주여행 동안 극심한 가속도와 높은 지포스G-force(물체가 운동할 때 중력의 작용으로 생기는 가속도)를 견뎌야 했으며, 임무 중 두 번의 전기 충격을 받았다. 이런 상황이 인간에게 즐거웠을 리 없듯, 햄도 그저 생존을 위해 두려움과 고통을 감내했을 뿐이었다.

또 다른 예를 보자. 아래 사진 속 돌고래는 정말 웃고 있는 것일까? 돌고래는 선천적으로 입 주변 근육이 움직이지 않아 항상 웃는 듯한 표정을 짓는다. 이를 '돌핀 스마일'이라고 부른다. 우리에게는 행복해 보일 수 있지만, 그런 표정을 짓는다고 해서 돌고래가 실제로 행복하다는 증거는 아니다.

국내에 마지막으로 수조에 남은 제주 퍼시픽랜드(호반호텔앤리조트)의 남방큰돌고래 비봉이
(출처:《한겨레》, '17년 갇혀 지낸 남방큰돌고래 비봉이, 바다 향한 여정 시작')

우리는 동물의 표정을 인간의 관점에서 해석하면서 그들의 감정을 오해하곤 한다. 그렇게 동물을 향해 일방적인 감정을 투영하고 그들을 인간의 편의대로 생각하는 인류가 과연 위대하고 도덕적인 문명을 이루었다고 자부할 수 있을까? 우리의 시선과 행동이 진정 동물을 위한 것인지 돌아봐야 한다.

🌐 도축장 속 환경

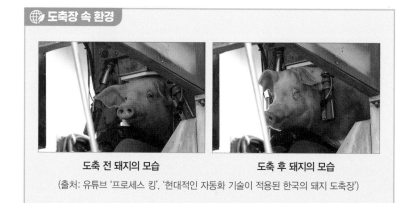

도축 전 돼지의 모습   도축 후 돼지의 모습
(출처: 유튜브 '프로세스 킹', '현대적인 자동화 기술이 적용된 한국의 돼지 도축장')

많은 사람들이 거의 매일 돼지고기를 먹는다. 하지만 돼지가 우리 식탁에 올라오기까지의 과정, 특히 도축장에 대해서는 거의 알지 못한다. 2022년 기준으로 매일 5만 마리의 돼지가 도축되지만, 이들이 어떤 환경에서 죽음을 맞이하는지에 대한 우리의 관심은 부족하다.

돼지는 지능이 높고 매우 섬세한 동물이다. 평균적인 돼지의 IQ는 50~70 정도로 어린아이와 비슷한 수준이다. 이런 돼지들이 의식 있는 상태로 컨베이어 벨트에 몸을 싣고 자신의 죽음을 직감하는 상황에 처한다. 그 순간 돼지들이 느낄 공포와 분노를 우리는 상상하기조차 어렵다.

돼지들은 전기 충격으로 죽음을 맞이한다. 흥미로운 점은 죽은 돼지의 표정이 마치 웃는 얼굴처럼 보인다는 것이다. 그러나 그 표정 뒤에 숨은 공포와 고통을 우리는 기억해야 한다. 죽음의 순간에 다가가는 경험과 그 순간 돼지가 느꼈을 감정을 떠올려보면 돼지가 행복하게 죽었다고 말할 수 있는 사람은 아무도 없을 것이다.

우리는 도축장에서 매일 제공받는 음식의 이면을 얼마나 알고 있을까? 돼지의 고통을 외면한 채 식탁에 올라오는 고기가 마치 당연한 우리의 권리인 것처럼 생각하는 태도에 대해 한번쯤 생각해 보아야 한다. 동물을 대하는 우리의 태도를 돌아보고 도축 환경을 개선하는 일은 더 이상 미룰 수 없는 과제이다.

죽은 돼지의 얼굴은 웃는 것처럼 보이지만 그렇다고 돼지들이 행복하게 죽은 건 아니다. 이제 우리가 마주해야 할 것은 우리가 먹는 고기 이면에 감추어진 진실과 그것을 변화시킬 우리의 노력이다.

동물에 대한 정의를 넘어

동물을 과학적으로 정의하면 "다른 생물을 먹어 영양분을 얻고, 알이나 새끼를 낳아 번식하는 생물"이다. 동물보호법에서는 동물의 법적 정의를 "고통을 느낄 수 있는 신경체계가 발달한 척추동물"로 "포유류, 조류, 파충류, 양서류, 어류 중 농림축산식품부 장관이 관계

중앙행정기관의 장과 협의를 거쳐 대통령령으로 정하는 동물"로 규정하고 있다. 이 두 가지 정의를 종합하면 동물이란 다른 생명체에게서 에너지를 얻고 번식할 수 있으며, 고통을 느낄 수 있는 신경체계가 발달한 척추동물이다.

그러나 동물을 이 정도로 정의하는 게 맞을까? 그렇다면 무척추동물인 문어는 동물이 아닌 걸까? 닭과 돼지 같은 가축은 동물보호법의 보호를 받지 못하는 걸까? 횟집 수조 속 어류는 식용이 목적이니 동물보호법의 보호를 받지 못하는 걸까?

이렇듯 동물에 대한 정의와 범위는 불완전할 수밖에 없다. 동물을 보호하기 위해서는 동물에 대한 이해를 넓히고, 우리가 알고 있는 앎의 경계를 확장하기 위해 노력해야 한다. 이런 태도야말로 동물에 대한 단순한 법적 정의를 넘어서 동물을 대하는 태도와 윤리에 대한 태도 변화를 가져올 것이다.

🌐 정책 속 환경

동물에게 제공되어야 할 다섯 가지 자유

다음 다섯 가지 자유는 이상적인 동물복지의 기본 조건으로 널리 정의되고 있으며, EU의 관련 정책 또한 이 정의에 기초하고 있다.

첫째, 기아나 갈증으로부터의 자유: 먹거리와 물을 충분히 섭취하여 건강과 활력을 유지할 수 있어야 한다.

둘째, 불편함으로부터의 자유: 안전하고 안락한 사육 공간을 포함한 적합한 환경을 제공해야 한다.

> **셋째, 고통과 상처와 질병으로부터의 자유**: 상처나 질병을 미리 예방하고,
> 질병에 걸렸을 경우 신속한 치료를 해야 한다.
> **넷째, 정상적인 활동을 할 자유**: 적절한 공간과 시설을 확보하고,
> 같은 부류의 가축과 같이 사육해야 한다.
> **다섯째, 공포나 스트레스로부터의 자유**: 정신적으로 자극을 받지 않을 수 있는
> 환경을 조성하고 조처해야 한다.

'공감'과 '정동'이라는 두 가지 감정

동물원에서 아기 원숭이가 엄마 품에 꼭 안겨 있는 모습을 보며 귀엽다고 느낀 적이 있을 것이다. 길고양이가 다쳐 힘들어하는 모습을 보고 마음이 아팠던 경험이 있을지도 모르겠다. 우리는 동물을 보며 때로는 귀엽다고 느끼고 때로는 안타까움을 느끼기도 한다. 이러한 감정은 인간과 동물의 관계를 특별하게 만들어주는 마법 같은 힘이다.

이 관계를 이어주는 원동력이 바로 공감Sympathy과 정동Affect이다. 공감은 다른 사람이나 동물의 감정을 이해하고 자신도 그렇게 느끼는 능력이다. 마치 내가 그 동물이 된 것처럼 기쁨, 슬픔, 두려움 같은 감정을 공유하는 것이다. 다친 동물을 보면 슬픔이 느껴지고 덫에 걸려 벌벌 떠는 동물을 보면 그 아픔을 느끼는 것처럼 말이다.

버지니아주 리치몬드의 야생동물센터에서 직원들이 귀여운 여우 탈을 쓰고 어미 잃은 새끼 여우를 돌보는 모습이 화제가 된 적이 있다. 이들은 새끼 여우가 사람에게 지나치게 익숙해지지 않도록, 야생

버지니아주 리치몬드의 야생동물센터 직원들이 귀여운 여우 탈을 쓰고
어미 잃은 새끼 여우를 돌보는 모습
(출처: AP News 홈페이지, 'Staff at a Virginia wildlife center pretend to be
red foxes as they care for an orphaned kit')

으로 돌아갈 때 문제가 없도록 여우 복장을 하고 친구처럼 다가갔
다. 작고 복슬복슬한 새끼 여우가 젖병을 빨 때, 직원들은 카메라 앞
에서도 말 한마디 없이 오직 사랑으로만 새끼 여우를 돌보았다. 이러
한 따뜻한 감정이 바로 공감이다. 인간의 관점이 아닌 동물의 관점에
서 상황을 이해하고 그 입장이 되어보는 것, 그런 공감대가 바로 이
런 뜻밖의 행동으로 이어지는 것이다.

정동은 공감보다 좀 더 직관적이고 순간적인 감정 반응이다. 귀여
운 강아지를 보면 자기도 모르게 "꺄, 너무 귀여워!"라고 외치는 것
처럼 어미 잃은 새끼 여우를 보고 안타까움을 느끼는 것이다. 정동은
동물에 대한 우리의 첫인상을 결정하고, 그 동물을 좋아하거나 싫어

하는 감정을 형성한다.

공감과 정동은 인간이 동물에 대해 어떻게 느끼고 반응하는지 이해하는 데 도움을 주며, 동물을 대하는 사회적, 윤리적 기준을 설정하는 데 중요한 기반을 제공한다. 이 두 감정은 동물을 단순히 '다른 존재'가 아닌 '함께 살아가는 친구'로 느끼도록 도와준다. 그리고 동물과 인간의 관계에 놀라운 변화를 만들어내는 힘을 가지고 있다.

인간과 동물, '개와 늑대의 시간'을 넘어

인간과 동물 간의 관계는 인류 역사의 초기부터 시작되었다. 수렵 채집 시대에 인간은 생존을 위해 동물들과 다양한 방식으로 상호작용을 했으며, 이러한 관계는 식량 확보, 예술 표현, 신화 및 종교 등 여러 사회·문화적 측면에서 중요한 역할을 했다.

이러한 인간과 동물의 관계는 마치 '개와 늑대의 시간'과 같다. 해질녘이면 개와 늑대를 구분하기 어려운 것처럼 초기 인류에게 동물은 때로는 생존을 위한 '먹잇감'이었고, 때로는 경외와 숭배의 대상이었다. 약 2만 5000년 전 프랑스 페슈 메를 동굴벽화에 그려진 동물들은 이러한 복잡한 관계를 상징적으로 보여준다. 이 벽화는 동물이 인간에게 사냥감 이상의 의미를 지녔음을 말해준다.

인간과 동물의 관계는 단순히 '먹고 먹히는' 관계에 머무르지 않았다. 마치 길들여진 늑대가 인간의 충실한 동반자인 '개'가 되었듯, 인간은 동물과 협력하고 공존하는 법을 배웠다. 20세기 초 호주의 에

오스트레일리아 동부 에덴 앞바다에서 고래를 잡는 선원들
(출처: 《한겨레21》, '범고래는 왜 에덴을 떠났나')

덴에서는 인간과 범고래가 협력하여 혹등고래를 사냥한 사례가 있다. 범고래들은 사냥이 시작되기 전에 에덴 항구로 돌아와 물을 뿜거나 소리를 내서 인간에게 고래 무리를 발견했음을 알렸다. 이후 범고래들은 고래 무리를 추적하고 사냥지로 유인했으며, 때로는 퇴로를 차단해 고래가 도망칠 수 없게 만들었다. 인간 사냥꾼들은 범고래의 도움으로 혹등고래를 효과적으로 사냥할 수 있었다. 사냥이 끝난 후 범고래들은 혹등고래의 혀와 입 주변 부위를 먹는 보상을 받았다. 이 협력 관계는 상호 이익을 바탕으로 이루어졌으며, 범고래는 믿음직한 안내자이자 동료로서 인간에게 큰 도움을 주었다.

범고래와 인간의 이러한 관계는 단순히 사냥의 효율성을 높이는 것을 넘어, 동물과 인간 간에도 상호 의존과 협력이 가능하다는 것을 보여준다. 늑대의 후각과 사냥 기술을 이용해 인간이 더 넓은 세상으로 나아간 사례와도 유사하다.

　이처럼 인간과 동물은 서로에게 '늑대'와 같은 위협적인 존재이기도 했지만, 때로는 '개'처럼 서로에게 의지하고 협력하며 함께 진화해 왔다. 이제 우리는 '개와 늑대의 시간'을 넘어 동물과의 진정한 공존을 향해 나아가야 한다.

🌐 가설 속 환경

피노키오 가설 vs 스캐빈저 가설

인간과 동물은 서로 협력하거나 착취하고, 때로는 반란을 일으키는 등 복잡하고 다층적인 역사를 가지고 있다. 이러한 관계를 이해하는 데 '피노키오 가설'과 '스캐빈저 가설'은 서로 다른 시각을 제시하며 흥미로운 논쟁거리를 제공한다.

• **피노키오 가설**

인간이 사냥이나 경비 등의 목적으로 늑대를 길들여 개로 만들었다는 가설이다. 나무를 깎아 피노키노 인형을 만든 제페토처럼 인간이 동물을 자신의 필요와 욕구에 맞게 조형하고 변형시켜 왔다는 것이다. 이 가설은 인간과 동물 관계에서 인간의 지배적인 역할을 강조하며, 동물을 문화, 농업, 전쟁, 교통수단 등 다양한 목적으로 이용해 온 역사를 조명한다. 이 가설은 개가 자연적으로 진화했다는 주장과 맞물리며 논쟁의 여지를 남기고 있다.

• **스캐빈저 가설**

늑대가 스스로 사냥하는 생활방식에서 벗어나 생존 전략을 바꾸면서 인간과 공존하게 됐다는 가설이다. 이 가설은 동물이 인간 사회 주변에서 음식물 쓰레기를 섭취하는 스캐빈징Scavenging(청소) 행위를 통해 새로운 생존 방식을 개발했다는 점을 강조한다. 초기 개의 조상인 늑대가 인간 주변에 모여 음식 찌꺼기 등을 먹기 시작한 것이 대표 사례이다. 이러한 상호작용은 시간이 지남에

따라 자연스럽게 발전했으며, 결국 늑대는 인간에게 길들여져 오늘날의 개로 진화했다.

두 가설은 인간과 동물 간의 관계를 이해하는 데 중요한 통찰을 제공한다. 피노키오 가설은 인간의 능동적인 역할을 강조하고, 스캐빈저 가설은 동물의 자발적 적응과 생존 전략을 부각시킨다. 이러한 관점은 인간과 동물이 서로에게 미친 영향을 좀 더 깊이 이해하는 데 도움을 준다.

가축화, 상품화된 동물들

피노키오 가설과 스캐빈저 가설을 바탕으로 가축화의 역사를 살펴보면 소나 돼지 같은 대형 동물은 약 1만~2만 년 전 신석기 시대에 식량을 확보하기 위해 인간이 먼저 길들이기 시작했을 것이다. 이 시기에 인간은 유목 생활에서 정착 생활로 전환하면서 야생 동물을 가축화하여 안정적인 식량 자원으로 활용하기 시작했다. 초기 가축화된 동물로는 양, 염소, 소, 돼지가 있었으며, 이 동물들은 안정적인 식량 공급원이 됨으로써 인구를 증가시키고 사회 구조가 체계를 잡아가는 데 큰 역할을 했다.

하지만 개와 고양이는 조금 다르다. 개의 조상인 늑대는 처음에는 인간과 적대적인 관계였으나, 일부 늑대가 인간에게 붙임성을 보이며 접근하면서 개로 진화했다. 유전자의 염기 변화를 역산하면 약 4만 년 전에 단 한 번의 사건으로 늑대가 개로 변했으며, 이후 붙임성 있는 개들이 인간과 함께 전 세계로 퍼졌다.

고양이의 경우는 더욱 흥미롭다. 까칠한 성격으로 인간이 억지로 길들였다고 보기 어려운 고양이는, 농경이 시작되면서 곡식 창고에 들끓는 쥐를 노린 고양이가 스스로 인간에게 다가갔고, 쥐를 잡아주는 대가로 따뜻한 거처와 먹이를 얻으며 인간과 공존하게 된 것으로 추정된다. 이처럼 개와 고양이는 인간이 선택했다기보다 그들이 인간을 선택했다고 볼 수 있다.

가축화는 인간과 동물 간의 복잡한 관계를 보여준다. 어떤 동물은 인간에게 먼저 다가왔고, 어떤 동물은 인간이 필요해서 길들였다. 가축화의 성공 조건으로는 먹이의 접근성, 번식의 용이성, 빠른 성장 속도, 적응성, 그리고 인간의 관리 가능성 등이 있다. 이러한 특성은 동물을 가축화하기 위한 중요한 기준으로 작용하며, 특정 동물이 다른 동물보다 가축화에 적합한 이유를 설명한다. 예를 들어, 고대 메소포타미아에서는 양의 털을 이용한 직물 생산이 경제 중심이었으며, 이러한 생산성은 '양털의 길'이라 불리는 무역 루트를 형성하는 원동력이 되었다.

돼지는 인간 생활과 가까운 환경에서도 잘 적응하고, 빠르게 번식하며, 다양한 음식을 소화할 수 있는 능력 덕분에 초기 가축화에 이상적인 동물이었다. 20세기 초에는 우유 생산이 가능한 '홀스타인' 소가 대규모 유제품 산업의 중심에 자리 잡았다. 이 소는 우유 양을 최대화하기 위해 과학적으로 개량되었으며, 현재에도 전 세계적으로 가장 널리 사육되는 우유 소 품종 중 하나이다.

그러나 고기만을 얻기 위해 가축을 사육한 역사는 80여 년에 불과하다. 과거에는 알, 우유, 운송 및 노동력을 얻기 위해 가축을 키웠지만, 현재는 고기 생산이 목적인 경우가 많아졌다. 이러한 변화 속에서 우리가 반드시 기억해야 할 점은 모든 동물이 존중받아야 할 생명이라는 사실이다. 인간과 동물이 조화롭게 공존하는 미래를 위해 우리는 가축의 기원을 되돌아보고 그들의 삶을 존중하는 태도를 가져야 한다.

🌐 혁명 속 환경

현대 육류 산업의 기초가 된 시카고 도살장

1865년 시카고에 설립된 Union Stock Yard & Transit Co.는 미국 역사상 가장 큰 규모의 도축 시설이었다. 이곳은 단순한 도축장을 넘어 동물을 대량 생산되는 '상품'으로 취급하는 시스템을 구축하여 인간과 동물의 관계를 혁명적으로 변화시켰다.

시카고 도살장 전경
(출처: WTTW 홈페이지, 'The Union Stockyards: "A Story of American Capitalism"')

시카고 불스 로고의 유래가 된 시카고 도살장

컨베이어 벨트 시스템의 도입은 도축 과정을 세분화하고, 각 작업자에게 특정 작업을 할당하는 방식으로 도축 속도를 획기적으로 높였다. 이를 통해 동물은 '개체'가 아닌 '생산 라인의 부품'으로 취급되었고, 대량 생산과 효율성 극대화를 이루었다. 이로 인해 육류 가격이 하락하면서 더 많은 사람들이 육류를 소비할 수 있게 되었지만, 그 과정에서 동물 복지는 완전히 무시되었다. 또한 분업화된 작업 환경은 노동자들에게 특정 작업만 반복하도록 강요함으로써 동물에 대한 감정적 연결을 차단하는 결과를 낳았다.

시카고 도살장은 현대 육류 산업의 기초를 형성했지만, 동물과 인간의 관계를 재조명할 필요성을 제기하는 상징적인 사례로 남아 있다.

인류세의 시작과 가축

인류세人類世, Anthropocene라는 용어는 1980년대에 미국의 생물학자인 유진 스토머Eugene F. Stoermer가 처음 사용한 것으로 알려져 있다.

기본적으로 지질시대는 단위가 큰 순서대로 누대Eon, 대Era, 기Period, 세Epoch, 절Age의 순으로 구분되며, 상위 단위일수록 변화의 차이가 크다. 이러한 구분은 하나의 시스템으로서 지구의 기능 차이를 대변하며, 동시에 지구상에 서식하는 생물 종류의 변화를 나타낸다.

인류세는 인간의 활동이 지구 환경을 혁명적으로 바꾸어놓아 새로운 지질 시대로 구분해야 할 만큼 변화가 일어났다는 개념인데, 그 시작을 알리는 상징적인 존재로 '닭'이 떠오르고 있다. 지질학자들은 미래의 문명이 우리 시대를 발굴할 때, 플라스틱이나 콘크리트 조각뿐 아니라 '닭 뼈'를 통해 인류세를 확인할 수 있을 것이라고 주장한다. 어떻게 닭이 인류세의 상징이 될 수 있을까? 놀랍게도 닭의 '압도적인 숫자'와 '급격한 변화' 때문이다. 현재 지구상에는 모든 새를 합친 것보다 더 많은 닭이 살고 있으며, 매년 600억 마리 이상이 도축된다. 게다가 1950년대 이후 급속한 육종으로 닭은 몸집이 커지고 수명은 짧아지는 등 야생 닭과는 전혀 다른 모습으로 변했다. 이러한 닭의 폭발적인 증가와 변화는 인간의 대량 생산, 대량 소비 시스템을 상징적으로 보여준다. 또한 닭 뼈는 플라스틱처럼 쉽게 분해되지 않아 미래에 화석으로 발견될 가능성이 높다.

인류세의 시작을 둘러싼 논쟁은 아직 진행 중이지만, 닭이 인류세의 상징적인 존재로 떠오르면서 우리에게 중요한 질문을 던진다. '인간의 활동이 지구와 생명체에 미치는 영향은 무엇이며, 우리는 어떤 미래를 만들어가야 할까?'라는 질문이 바로 그것이다.

비인간인 동물에게도 인격을!

인류는 오랫동안 동물을 '가축'이나 '애완동물'로 부르며 함께 살아왔다. 그러나 '비인간 인격체Nonhuman Persons'라는 개념이 등장하면서 동물의 인지 능력과 감정을 인정하고, 그들을 단순한 소유물이 아닌 권리를 가진 존재로 보아야 한다는 법적 및 철학적 논의가 시작되었다. 특히 지능이 높고 복잡한 사회적 상호작용이 가능한 동물들에게 이러한 인격을 인정하려는 논의가 활발히 이루어지고 있다. 다음은 그 증거에 속한다.

- **"동물도 '나'라는 존재를 알아!"**

거울 속 자신의 모습을 인식할 수 있는 동물들이 있다. 침팬지, 돌고래, 코끼리, 까치까지도 자신을 알아본다. 이는 단순히 똑똑하다는 것을 넘어 동물에게도 '자의식'이 있다는 증거이다.

- **"동물도 기뻐하고 슬퍼하고 아파해!"**

강아지가 꼬리를 흔들며 반겨주는 것은 기쁨의 표현이며, 어미를 잃은 아기 코끼리가 슬피 우는 것은 슬픔을 느낀다는 뜻이다. 동물도 우리처럼 다양한 감정을 느낀다.

- **"동물도 미래를 계획하고 도구를 사용해!"**

까마귀는 먹이를 나중에 먹기 위해 숨겨두고 침팬지는 도구를 사용해 흰개미를 잡는다. 이는 동물들이 미래를 계획하고 문제를 해결할 수 있는 능력을 가지고 있음을 보여준다.

- **"동물도 '가족'과 '친구'를 소중히 여겨!"**

코끼리는 죽은 가족을 애도하며 돌고래는 서로 이름을 부르며 의사소통을 한다. 동물도 사회적 관계를 형성하며 살아간다.

- **"동물도 존중받을 자격이 있어!"**

이와 같은 증거는 동물의 '인격'을 인정해야 할 충분한 이유가 된다. 이는 단순히 동물 권리를 보호하는 것을 넘어서 동물이 우리와 함께 살아가는 소중한 존재임을 인정하는 것이다.

좁은 우리에 갇혀 평생을 보내는 돼지, 실험실에서 고통받는 쥐,

인간에게 즐거움을 주기 위해 쇼를 하는 돌고래…. 이제는 이러한 일이 사라져야 한다. 동물은 '비인간 인격체'이기 때문이다.

동물은 더 이상 인간의 '소유물'이나 '자원'이 아니다. 동물은 존중받고 스스로 자신의 삶을 결정할 권리가 있다. 이제 인간은 그들의 목소리에 귀 기울이고 함께 살아갈 방법을 고민해야 한다.

🌐 실험 속 환경

거울 자아 인식 실험

1970년, 비교심리학자 고든 갤럽Gordon Gallup은 침팬지를 대상으로 거울 자아 인식 실험Mirror Self-Recognition Test을 최초로 수행하여 성공했다. 이 실험은 동물이 거울 속 자신을 인식할 수 있는지, 즉 자의식self-awareness을 가지고 있는지를 판단하는 중요한 지표로 여겨진다.

〈간단한 실험 방법〉

1. 동물에게 몰래 빨간색 립스틱이나 냄새가 없는 무해한 물감을 살짝 묻힌다.
2. 동물을 거울 앞에 데려가 반응을 관찰한다.
3. 동물이 거울 속 자신의 모습을 보고 빨간 자국을 만지거나 냄새를 맡으려 한다면? 빙고! 자의식 테스트 통과!

집에서도 간단히 시도해 볼 수 있다(단, 반드시 안전하고 무해한 방법으로 실행해야 한다). 반려동물이 거울 속 자신의 모습을 인식한다는 걸 확인하면 반려동물과 우리는 더욱 특별한 교감을 나눌 수 있는 기회가 갖게 될 것이다.

거울 자아 인식 실험은 동물의 지능과 자의식을 엿볼 수 있는 흥미로운 방법이지만, 모든 동물이 이 테스트를 통과하는 것은 아니다. 통과하지 못했다고 해서 자의식이 없는 것도 아니다. 동물들은 각자의 방식으로 세상을 경험하며 살아간다. 이러한 다양성을 이해하고, 각 생명체의 삶을 존중하는 태도가 중요하다.

☑️ 탐구하기
인간님, 이의 있습니다!

터널 개통 후에도 여전히 천성산에서 서식 중인 도롱뇽(왼쪽)과 제주 바다의 남방큰돌고래
(출처: 《조선일보》, '천성산 땐 도롱뇽… 민변, 이번엔 고래 앞세워 오염수 헌법소원')

경부고속철도 2단계 사업의 일부인 천성산 구간에는 13.5km 길이
의 원효터널 건설이 포함되어 있었다. 이 터널 공사는 2010년 완공
을 목표로 진행되었지만 지하수 고갈, 생태계 파괴, 소음 및 진동 등
의 문제로 불교계와 환경단체의 강한 반발을 불러왔다. 결국 2002년
착공 직후 공사는 중단되었다.

2003년에는 기존 노선을 따라 공사를 강행하기로 결정하며 공사
가 재개되었으나, 환경단체들은 환경영향평가가 부실했다며 지속적
으로 반대했다. 천성산 습지 보호를 위한 '도롱뇽 소송'은 이러한 반
발로 제기되었고, 사회적으로 큰 화제를 모았다.

이 사건은 개발과 환경 보존 간의 갈등을 상징하는 대표 사례로 남아 있다. 또한 개발 프로젝트에서 환경에 끼치는 영향을 줄이기 위한 법적 고려 사항의 중요성을 부각시키면서 이후 유사한 환경 분쟁에서 중요한 선례로 자리 잡았다.

☑ 질문하기

질문 1. 천성산 고속철도 공사는 자연 개발과 보전이라는 대립된 입장을 보여주는 대표 사례이다. 천성산 고속철도 공사에서 양측의 주된 주장은 무엇일까?

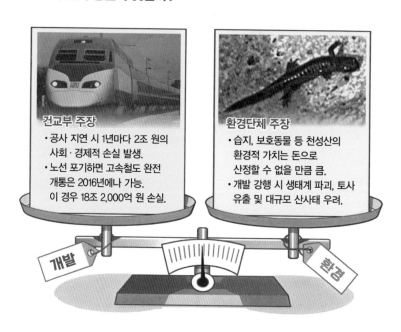

건교부 주장
- 공사 지연 시 1년마다 2조 원의 사회·경제적 손실 발생.
- 노선 포기하면 고속철도 완전 개통은 2016년에나 가능. 이 경우 18조 2,000억 원 손실.

환경단체 주장
- 습지, 보호동물 등 천성산의 환경적 가치는 돈으로 산정할 수 없을 만큼 큼.
- 개발 강행 시 생태계 파괴, 토사 유출 및 대규모 산사태 우려.

개발   환경

철도 공사를 하는 입장:

생명을 보전하자는 입장:

📨 핵심 정리

모든 쟁점은 관점에 따라 완전히 다른 해석이 가능하기 때문에 양면성이 있다.
고속철도 건설 프로젝트가 산지를 통과해야 하는 상황을 고려해 보자.
프로젝트 관리자나 건설업자의 입장에서는 경로를 우회하기보다는 시간과 비용
을 절약하기 위해 터널을 굴착하는 것이 효율적인 선택이다. 직선 경로는 건설
과정을 단순화하고, 운영 비용을 줄이며, 여행 시간을 단축시키는 등 명백한 이점
을 제공한다.
반면 같은 상황에서 터널 공사가 이루어질 산지에 서식하는 도롱뇽 같은 생물의
입장은 전혀 다르다. 고속철도 건설은 이들 생태계에 심각한 위협이 될 수 있다.
터널 공사로 늪지 수분이 유실되면 도롱뇽뿐만 아니라 지역 생태계 전반에 걸쳐
생물 다양성에 부정적인 영향을 미칠 수 있다. 늪지는 야생동물과 식물의 중요한
서식지로 물의 흐름과 수질 유지에 핵심적인 역할을 한다. 따라서 이러한 환경
변화는 생태계 구성원들의 생존에 직접적인 영향을 줄 수 있다.
이처럼 서로 다른 입장과 가치관, 그리고 이를 바라보는 관점의 차이는 쟁점 해

결 방안을 모색할 때 꼭 고려해야 할 요소이다. 따라서 이러한 문제에 접근할 때는 단순히 기술적이고 경제적인 측면만을 고려할 것이 아니라 환경적, 사회적, 윤리적 측면을 포함해 포괄적으로 평가해야 한다. 그래야 다양한 이해관계자들의 필요와 우려를 균형 있게 반영할 수 있는 솔루션을 찾아낼 수 있다.

질문 2. 도롱뇽은 소송을 낼 수 있을까?

▦ 핵심 정리

2003년, 경부고속철도 천성산 관통 반대 대책위원회는 천성산에 서식하는 도롱뇽을 대표로 지율스님 등 세 명을 대변인으로 선정하고, 한국고속철도건설공단을 상대로 고속철도 천성산 관통구간 공사 착공금지 가처분 신청을 부산지법에 제기했다.

이들의 주장은 다음과 같았다. "서울-부산 경부고속철도 13구간에서 시행될 13.5㎞ 원효터널 공사 및 부수 공작물 공사가 천성산 도롱뇽 서식지를 파괴할 것

이 분명하므로 공사를 중지해야 한다." 이를 뒷받침하는 근거로 "한국고속철도건
설공단이 1993년에 실시한 천성산 구간 환경영향평가서에 도롱뇽의 서식 사실조
차 기록하지 않는 등 평가가 부실했다"는 점을 지적했다.

또한 이 소송은 1급수 환경지표종인 도롱뇽의 생존권 보호 차원에서 환경부와 공
단을 상대로 제기된 것으로, 단순한 개발 논쟁을 넘어 환경과 생태계 보호의 법
적 기준을 논의하는 계기가 되었다.

질문 3. 도롱뇽 소송의 결과는 어떻게 되었을까?

➤ 핵심 정리

2006년 6월, 대법원 3부(주심 김영란 대법관)는 천성산 사찰 내원사와 미타암, 그리
고 천성산에 서식하는 동식물을 대표한 도롱뇽과 지율스님 등 '도롱뇽의 친구들'
이 한국철도시설공단을 상대로 제기한 경부고속철도 천성산 구간 터널(원효터널)
공사 착공금지 가처분 신청 사건에서 신청인들의 재항고를 기각했다. 재판부는
다음과 같은 결정문을 통해 이유를 설명했다.

- 신청인들의 주장처럼 지하수 유출 가능성과 무제치늪 및 화엄늪 등 천성산 습지 보호 문제가 제기될 수는 있지만, 터널 공사가 신청인들의 환경이익을 침해할 개연성에 대한 소명이 부족하다고 판단된다.
- 설령 새로운 환경영향평가가 필요하다고 하더라도 새로운 사정과 환경이익 사이에 구체적 연관성을 인정하기 어렵거나, 새로운 환경영향평가에 준하는 조사가 이루어지고 환경이익 침해를 예방할 적절한 방법이 보완되었다면 사업 시행의 중지를 구할 수는 없다.
- 내원사, 미타암, 그리고 '도롱뇽의 친구들'은 환경권이라는 헌법상 기본권을 근거로 공사 금지를 직접 청구할 수 없다.
- 자연물인 도롱뇽은 법적으로 소송의 당사자가 될 수 없다.

이 사건은 환경권과 생태계 보호를 주장하는 법적 시도에서 중요한 선례를 남겼지만, 자연물을 소송의 당사자로 인정하는 데에는 한계를 보여주었다.

질문 4. 다음의 우리나라 동물권 관련 쟁점에 대해 솔로몬의 판결을 제시해 보자.

관계	쟁점
인간과 동물 **사건명:** 후쿠시마 오염수 방류에 따른 고래 소송 사건	 **수면 위로 튀어오르는 혹등고래** (출처: greenium 홈페이지, '日 오염수 방류에 대표로 '고래'가 헌법소원 제기할 것…"생태계 법적 권리 인정 해외서 활발"')

- 핵심 쟁점: 후쿠시마 오염수 방류에 대한 정부의 대응 부족이 국민과 생태계의 기본권을 침해하는가? 특히 비인간 동물인 '고래'를 헌법소원 청구인으로 인정할 수 있는가?
- 쟁점 ① 정부의 부작위에 대한 헌법소원
  - **민변 측 주장**: 정부가 일본의 오염수 방류에 대해 국민의 건강권 등을 보호하기 위한 외교적 조치를 충분히 취하지 않았다.
  - **쟁점**: 정부의 대응 부족이 국민의 기본권 침해에 해당하는가?
- 쟁점 ② 고래를 헌법소원 청구인으로 인정할 수 있는가?
  - **민변 측 주장**: 오염수 방류는 해양 생태계에 심각한 피해를 초래하며, 고래는 이를 대표하는 청구인으로서 자격이 있다.
  - **쟁점**: 현행법상 동물은 법적 주체로 인정되지 않는데, 고래를 헌법소원 청구인으로 인정할 수 있는가?
- 쟁점 ③ 비인간 동물의 권리 인정
  - **민변 측 주장**: 국제사회에서는 비인간 동물의 권리와 자연의 권리에 대한 논의가 활발하며, 일부 국가에서는 동물의 법적 권리를 인정하고 있다.
  - **쟁점**: 한국 사법부도 고래와 같은 비인간 동물에게 고유한 권리를 인정하고, 그 권리 행사를 보장해야 하는가?

관계	쟁점
동물과 동물 **사건명:** 마라도 길고양이 사건	 마라도 길고양이 (출처: 《중앙일보》, '누가 멸종위기종 새 먹었나… '마라도 고양이 추방사건' 진실') • **핵심 쟁점:** 멸종위기종 보호를 위해 마라도의 길고양이들을 섬 밖으로 반출하는 것이 정당한가? • **찬성 측 주장:** – **고양이가 생태계를 파괴한다:** 고양이가 멸종위기종인 뿔쇠오리를 비롯한 철새들을 사냥하여 생태계를 교란한다는 연구 결과와 증언이 존재한다. – **섬 생태계 보호:** 마라도는 철새들의 중요한 중간 기착지이며, 특히 뿔쇠오리에게는 전 세계 유일한 유인도 서식지이다. 고양이 반출을 통해 섬 생태계의 균형을 회복해야 한다. – **개체 수 조절의 필요성:** 중성화를 통한 개체 수 조절만으로는 멸종위기종 보호에 충분하지 않다. • **반대 측 주장:** – **반출 근거 불충분:** 고양이가 뿔쇠오리 개체 수 감소에 미치는 영향에 대한 명확한 근거가 부족하다. 매, 쥐 등 다른 요인도 고려해야 한다.

– **생태계 균형 우려:** 고양이 반출로 쥐 개체 수가 급증하여 또 다른 생태계 문제를 야기할 수 있다.

동물 복지 문제: 반출된 고양이들의 안전과 생존에 대한 대책이 미흡하며, 안락사 가능성도 존재한다.

공존 가능성: 중성화를 통해 개체 수를 조절하고, 고양이와 철새가 공존할 수 있는 방안을 모색해야 한다.

• **추가 쟁점:**

반출 고양이 관리: 반출된 고양이들의 건강검진, 입양, 안락사 등에 대한 구체적인 계획과 관리 방안이 필요하다.

주민 의견 수렴: 마라도 주민들의 의견을 충분히 수렴하고, 갈등을 최소화할 수 있는 해결 방안을 모색해야 한다.

✏️ 핵심 정리

미래 세대의 솔로몬 판결은 단순히 한쪽 편만 드는 것이 아니라 모든 생명체의 가치를 존중하고 공존을 위한 지혜로운 해결책을 제시해야 한다. 이러한 관점은 인간 중심적인 사고에서 벗어나 지구 생태계 전체의 건강과 안녕을 추구하는 미래 사회의 모습을 보여준다. 다음과 같은 판결은 어떨까?

1. 후쿠시마 오염수 방류에 따른 고래 소송 사건
• **미래 세대의 솔로몬 판결**(예시)

"인간의 편의와 경제 이익을 위해 미래 세대의 건강과 해양 생태계를 희생할 수는 없습니다. 오염수 방류는 돌이킬 수 없는 해양 오염을 초래하고, 고래를 비롯한 수많은 해양 생물의 생존을 위협합니다. 따라서 정부는 오염수 방류를 막기 위한 모든 외교적 노력을 다해야 하며, 고래와 같은 비인간 동물도 법적 보호를 받을 수 있도록 법체계를 개선해야 합니다. 우리에게는 지구의 모든 생명체와 함께 살아갈 책임이 있습니다."

- **판결**
  - 정부는 오염수 방류를 막기 위한 적극적인 외교 조치를 취해야 한다.
  - 비인간 동물의 법적 지위를 인정하고, 그들의 권리를 보호할 수 있는 법적 장치를 마련해야 한다.
  - 미래 세대를 위한 환경 보호와 지속 가능한 발전을 최우선 가치로 삼아야 한다.

2. 마라도 길고양이 사건

- **미래 세대의 솔로몬 판결(예시)**

"마라도는 뿔쇠오리와 고양이 모두에게 소중한 삶의 터전입니다. 멸종위기종 보호는 중요하지만, 그렇다고 해서 다른 생명을 희생하는 것은 진정한 해결책이 아닙니다. 고양이 반출은 또 다른 생태계 문제를 야기할 수 있으며 동물 복지에도 어긋납니다. 따라서 인간, 뿔쇠오리, 고양이 모두가 공존할 수 있는 방안을 찾아야 합니다. 이를 위해 과학적인 조사와 함께 중성화, 서식지 분리 등 다양한 해결책을 모색하고 주민들의 의견도 충분히 수렴해야 합니다."

- **판결**
  - 고양이 반출은 일시적인 해결책일 뿐 근본적인 문제 해결이 아니다.
  - 뿔쇠오리와 고양이의 공존을 위한 생태학적 연구와 관리 방안을 마련해야 한다.
  - 중성화, 서식지 분리, 먹이 제공 등 다양한 방법을 통해 개체 수를 조절하고 갈등을 완화해야 한다.
  - 마라도 주민들의 의견을 존중하고 해결 방안을 함께 모색해야 한다.
  - 미래 세대는 인간과 동물 모두가 조화롭게 살아가는 지구를 물려받을 권리가 있다.

☑️ 행동하기
법은 동물을 구할 수 있을까?

2024 얼음나라 화천 산천어 축제
(출처: 《조선일보》, '펜타포트음악축제 · 수원 화성문화제 · 화천 산천어축제, K-축제로 육성')

　매년 겨울, 강원도 화천에서는 수많은 사람들이 얼음낚시를 즐기는 진풍경이 연출된다. 하지만 그 이면에는 맨손으로 잡히고, 펄떡이는 몸부림 끝에 뜰채에 담기는 산천어들의 고통이 있다.

　산천어 축제는 지역 경제 활성화라는 명목 아래 매년 수십만 마리의 산천어를 소비하는 대규모 행사이다. 그러나 즐거움 뒤에 숨겨진 산천어들의 고통은 쉽게 외면된다. 이러한 축제가 과연 정당화될 수 있을까? 동물들은 단지 인간의 즐거움을 위한 도구에 불과할까?

　동물도 고통을 느끼고 생명을 가진 존재라는 인식의 변화를 통해 동물과 인간의 관계를 새롭게 정의해야 한다.

산천어 축제, 그 빛나는 얼음 아래 숨겨진 어둠

매년 1월, 강원도 화천에서는 수많은 사람들이 몰려드는 '얼음나라 화천 산천어 축제'가 열린다. 꽁꽁 언 강 위에서 낚시를 즐기고 맨손으로 산천어를 잡는 모습은 겨울 축제의 백미처럼 보인다. 그러나 그 즐거움 뒤에는 산천어들의 고통과 희생이 숨어 있다.

축제를 위해 전국 각지에서 수송된 산천어들은 좁은 수조 속에서 굶주림과 스트레스, 부상에 시달린다. 낚싯바늘에 걸린 먹이를 향해 필사적으로 헤엄치다 결국 낚싯바늘에 걸려 죽음을 맞이한다. 펄떡이는 몸부림은 극심한 고통의 표현이다. 축제라는 이름으로 자행되는 이러한 동물 학대는 과연 정당화될 수 있을까?

산천어 축제는 지역 경제 활성화에 기여하는 측면이 있지만, 그 이면에는 인간 중심 사고가 깔려 있다. 인간의 즐거움을 위해 수십만 마리의 생명이 희생되는 현실은 결코 간과할 수 없는 문제이다.

동물들은 인간의 즐거움을 위한 도구가 아니다. 그들도 고통을 느끼며 존중받아야 할 생명체이다. 이제는 동물과 공존하는 새로운 축제 문화를 만들어야 한다. 축제가 지역 경제 활성화에 중요하다면 동물 복지를 고려하는 방향으로 나아가야 한다. 동물의 고통을 최소화하고 생명 존중의 가치를 담은 새로운 형태의 축제가 필요하다.

산천어 축제는 과연 누구를 위한 축제일까? 이 질문에 대한 답을 찾는 과정에서 우리는 인간과 동물의 관계, 그리고 생명 존중의 가치에 대해 다시 한번 생각해 볼 수 있다. 인간과 동물 모두가 함께 즐길 수 있는 진정한 축제를 만들기 위한 노력이 필요한 시점이다. 축제는 인간만을 위한 즐거움의 장이 아니라 생명과 환경을 함께 존중하는 문화의 장으로 기능해야 한다.

🌐 법률 속 환경

우리가 기억해야 할 동물보호법

동물학대의 정의(제2조)

제2조(정의) 이 법에서 사용하는 용어의 뜻은 다음과 같다.

9. "동물학대"란 동물을 대상으로 정당한 사유 없이 불필요하거나 피할 수 있는 고통과 스트레스를 주는 행위 및 굶주림, 질병 등에 대하여 적절한 조치를 게을리하거나 방치하는 행위를 말한다.

동물학대 금지(제10조)

제10조(동물학대 등의 금지) ① 누구든지 동물을 죽이거나 죽음에 이르게 하는 다음 각 호의 행위를 하여서는 아니 된다.

1. 목을 매다는 등의 잔인한 방법으로 죽음에 이르게 하는 행위
2. 노상 등 공개된 장소에서 죽이거나 같은 종류의 다른 동물이 보는 앞에서 죽음에 이르게 하는 행위
3. 동물의 습성 및 생태환경 등 부득이한 사유가 없음에도 불구하고 해당 동물을 다른 동물의 먹이로 사용하는 행위
4. 그 밖에 사람의 생명·신체에 대한 직접적인 위협이나 재산상의 피해 방지 등 농림축산식품부령으로 정하는 정당한 사유 없이 동물을 죽음에 이르게 하는 행위
   – 3년 이하의 징역 또는 3천만 원 이하의 벌금

지금은 맞고, 그때는 틀리다?

산천어 축제에서 벌어지는 잔혹한 현실을 고발하면서 동물보호단체가 제기한 '산천어 소송'은 안타깝게도 기각되었다. 법원은 식용 목적의 어류는 동물보호법의 보호 대상이 아니라는 이유를 들었다. 이 판결에서 우리는 2006년 '천성산 도롱뇽 소송'과 비교할 때 흥미로운 지점을 발견할 수 있다.

두 사건 모두 '인간의 즐거움과 편리 vs 동물의 생명과 권리'라는 가치 충돌을 보여준다. 그러나 판결은 극명하게 엇갈렸다. 왜일까? 10여 년의 시간 동안 우리 사회는 변화했다. 동물은 더 이상 인간의 '소유물'이나 '자원'이 아닌, 존중받아야 할 '생명'이라는 인식이 확산되고 있다. 두 사건에서 법원은 모두 기각 결정을 내렸지만, 대중의 인식 변화는 분명했다. 개발 논리가 우선시되던 시대에 도롱뇽의 생존권은 대중에게 외면당했지만, 동물 복지에 대한 관심이 증가하면서 산천어의 고통에 대한 문제 제기는 사회적 공감대를 얻고 있다.

산천어 소송 기각은 현행법의 경직성을 드러냈지만, 이는 변화의 시작일 수 있다. 법은 시대를 반영해야 한다. 과거에는 여성, 흑인, 노예 등에게는 법적 권리가 없었다. 하지만 사회의 인식 변화와 함께 법은 진화했고, 이제 우리는 그들의 권리를 당연하게 여긴다.

비인간권리프로젝트NhRP는 이러한 변화의 흐름을 보여준다. 침팬지, 오랑우탄, 코끼리 등 자의식이 있는 동물에게도 법적 권리를 부여해야 한다는 이 주장은 최근 뉴욕주 대법원 판결에서 희망을 단서를 보여주었다. 뉴욕주 대법원은 과거 소외되었던 집단에게 권리가 확대된 역사를 언급하면서 미래에는 동물에게도 법적 권리가 인정될 가능성을 시사했다.

물론 동물에게 법적 지위를 부여하는 것은 쉬운 일이 아니다. 하지만 사회 인식이 변화하고, 동물이 느끼는 고통에 대한 공감대가 형성되면서 변화의 바람은 이미 불고 있다. 산천어 소송과 같은 사례는 이러한 변화의 필요성을 더욱 강조한다.

미래에는 동물들이 단순한 '객체'가 아닌 존중받아야 할 '개체'로 인정받는 사회가 올 것이다. 그들의 고통을 외면하지 않고, 그들의 삶을 존중하는 법적·제도적 장치가 마련될 것이다. 이제 우리는 인간과 동물이 조화롭게 공존하는 미래를 향한 중요한 발걸음을 내딜 준비를 해야 한다.

학대받는 동물들, 법적 인격을 부여하는 것이 가능할까?

동물에게 법적 인격을 부여해야 한다는 주장은 구체적인 사건들을 통해 더욱 설득력을 얻고 있다. 특히 군산 유기동물보호소 고통사 사건과 개 전기도살 사건은 이러한 변화가 필요함을 강하게 시사한다.

첫 번째 사건은 2019년, 군산 유기동물보호소에서 벌어진 고통사 사건이다. 생명을 보호해야 할 장소에서 담당 소장은 무려 60~80마리의 유기견을 수의사도 아닌 자신이 직접 안락사시켰다. 더욱 충격적인 점은 마취 없이 심정지 약물을 투여해 극심한 고통 속에서 죽음에 이르게 했다는 사실이다. 결국 그는 징역형을 선고받았지만, 이 사건은 우리 사회에 깊은 슬픔과 분노를 남겼다.

두 번째 사건은 인천의 한 개 농장에서 발생했다. 2011년부터 2016년까지 약 150마리의 개들이 쇠꼬챙이를 이용한 잔인한 전기도살로 생을 마감했다. 농장주는 솜방망이 처벌에 그쳤지만, 이 사건은 동물 학대에 대한 사회적 경각심을 높이는 계기가 되었다. 2020년 대법원은 동물을 도살할 때 잔인한 방법을 사용하는 것은 동물보호법 위반이라는 판결을 내렸다.

이렇게 끔찍한 사건들은 우리 사회가 동물을 어떻게 바라보고 있는지를 적나라하게 보여준다. 동물들은 인간의 편의와 즐거움을 위해 존재하는 것이 아니다. 그들도 고통을 느끼고, 두려움에 떨며, 죽음 앞에서 공포를 느끼는 존재이다. 그럼에도 우리 사회는 여전히 동물을 '물건'처럼 취급하며 그들의 고통을 외면하고 있다.

이제는 우리가 응답할 차례이다. 동물에게도 최소한의 존엄성을 보장하고 그들의 고통을 줄이기 위해 노력해야 한다. 동물에게 도덕적 인격을 부여하여 그들의 권리를 보호하고, 인간과 동물이 조화롭게 공존하는 사회를 만들어야 한다.

그렇다면 인간 이외에 법적 인격을 부여받은 대상은 없을까? 법적으로 기업은 '법인'이라는 인격체로 인정받아 권리와 의무를 가진다. 하지만 곰곰이 생각해 보면 숨 쉬고 생각하는 자연인도 아닌 기업에 인격을 부여하는 것이 과연 합리적인 일인지 의아해진다. 생명도 없는 콘크리트 건물이 인격을 가질 수 있다면 숨 쉬고 느끼는 동물들은 왜 안 될까?

우리는 자연을 생명의 원천으로 보지 않고 인간에게 얼마나 유용한지에 따라 그 가치를 평가하는 경향이 있다. 그러나 동물들은 단순한 '자원'이 아니다. 그들도 우리처럼 기뻐하고, 슬퍼하며, 아파한다. 미래를 계획하고, 도구를 사용하며, 가족과 친구를 소중히 여긴다. 동물들은 인간의 역사와 함께 시작했으며, 함께 끝나갈 동반자이다. 그들은 우리와 함께 이 세상을 살아가는 소중한 존재이다.

기업이 인격적 지위를 부여받았듯이, 이제는 동물에게도 '비인간 인격체'로서의 지위를 인정해야 하지 않을까? 그들의 존재 가치를 인정하고, 그들이 존중받으며 살아갈 권리를 보장해야 하지 않을까? 우리 사회가 이런 방향으로 바뀌어갈 때 동물 보호를 넘어 생명에 대한 깊은 존중과 공감을 기반으로 한 새로운 사회 계약의 시대가 열릴 것이다.

메타버스에서 꿈꾸는 지속 가능한 우리의 미래

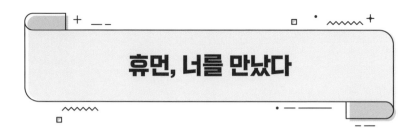

휴먼, 너를 만났다

2020년에 방영된 MBC 스페셜 〈너를 만났다〉의 한 장면

사진 속 두 사람, 한 명은 VR 헤드셋을 착용하고 있고 다른 한 명은 가상현실 속 인물이다. 마치 현실과 가상 세계의 경계가 허물어진 듯한 이 만남은 어떤 사연을 담고 있을까?

2020년 MBC 스페셜 〈너를 만났다〉는 희귀병으로 일곱 살에 세상을 떠난 나연 양과 어머니의 가상현실 속 재회를 담은 다큐멘터리이다. 이 만남은 단순한 재회가 아니었다. 나연 양은 예후가 좋지 않은 희귀병으로 항암 치료 하루 만에 세상을 떠났다. 그녀와 어머니의 가슴 아픈 사연은 시청자들에게 깊은 감동과 슬픔을 안겼다.

이 다큐멘터리는 현대 과학 기술이 기능적 역할을 넘어 사람들의 상처를 치유하고 잃어버린 시간을 다시 느끼게 할 수 있음을 보여주었다.

☑️ 이해하기
내가 PD라면?

📋 아포리즘

"우선 우리가 도구를 만들면 다음엔 도구가 우리를 만든다."

– 마셜 매클루언

가상현실VR은 단순히 현실에서 벗어나기 위한 도구가 아니다. 오히려 현실에서 마주하기 어려운 진실과 감정을 마주하게 한다.

2020년 방송된 MBC 스페셜 〈너를 만났다〉는 놀라운 기술 발전을 보여줄 뿐 아니라 기술이 우리에게 어떤 의미와 감정을 줄 수 있는지에 대해 질문을 던졌다. 가상현실은 단순한 게임이나 모방의 도구가 아니라 상실을 치유하고 기억을 되살리며 감정을 되새길 수 있는 공간으로 진화하고 있다. 공간, 인간의 삶, 기술이 조합되어 공감할 수 있는 주제와 만나면서 마음을 울리는 다큐멘터리가 탄생한 것이다.

〈너를 만났다〉 1편은 아시아태평양방송연맹ABU이 주관하는 ABU상 TV 다큐멘터리 부문 대상을 수상하며 큰 성공을 거두었다.

만약 여러분이 MBC PD라면 가상현실에서 어떤 주제로 이야기를 풀어나갈지 생각해 보자. 학생들에게 물어보면 '반려동물'에 대한 이야기를 하고 싶다고 대답하는 학생들이 많다. 하지만 당시 사회 분위기는 매체의 주체를 비인간 생물체까지 확장하는 데 한계를 가지고 있었다. 가상현실 기술이 동물과 인간의 관계를 탐구하면서 새로운 공감의 지평을 열어갈 수 있을까? 이제 그 가능성을 고민해 볼 시점이다.

엄마가 온다

'엄마가 온다.' 이 말은 〈너를 만났다〉의 후속으로 제작한 두 번째와 세 번째 이야기 속 주인공들의 가슴에 깊이 새겨진 표현이다.

두 번째 이야기의 주인공 김정수 씨는 아내와 14년을 함께 살다가 아내가 3년간의 투병 끝에 먼저 세상을 떠났다. 김정수 씨는 이 프로그램을 통해 다섯 아이와 함께 지냈던 행복한 집에서 가상현실 속 아내와 춤을 추며 재회했다. 우리 시대 부부들에게 춤이란 무엇일까? 바쁘기도 하고 어색해서 쉽게 할 수 없는 행동이다. 현실에서 이루지 못했던 이 간절함이 가상현실에서라도 이루어진다면 진정한 감동으로 돌아올 것이다. 아이들 또한 아빠와 엄마의 재회를 보며 슬픔과 동시에 깊은 위로를 받았다.

세 번째 이야기의 주인공 김하나 씨는 위암으로 세상을 떠난 어머니를 가상현실에서 다시 만났다. 그녀는 엄마가 가꾸었던 꽃밭에서 젊은 날의 엄마와 재회하여 소중한 시간을 보냈다. 김하나 씨에게 이

MBC 다큐멘터리 〈너를 만났다〉 시즌 2의 한 장면

만남은 엄마와 친구처럼, 자매처럼 대화할 수 있는 기회였고, 엄마가 떠난 후 느꼈던 빈자리가 조금이나마 채워지는 시간이었다.

기술과 감정의 융합

이 세 이야기는 가상현실이 기술 발전을 보여줄 뿐 아니라 인간의 감정을 어떻게 보듬고 위로할 수 있는지 보여준다. 다큐멘터리에서 다룬 이야기는 가상현실이 인간의 기억을 되살리고, 사랑하는 사람들과 소중한 순간을 다시 느끼게 하는 힘을 가질 수 있음을 보여준다.

기술은 현실의 벽을 넘어 새로운 방식으로 우리와 감정적으로 연결될 수 있는 가능성을 제공한다. 가상현실 속에서 우리는 세상을 떠난 사랑하는 사람을 다시 만날 수 있고, 그 경험을 통해 상실의 아픔을 조금이나마 치유할 수 있다. 하지만 가상현실에서도 최소한의 기준이 필요하다. 제작진은 세상을 떠난 가족을 가상현실로 구현할 때, 가짜 대역을 등장시키는 쉬운 방식을 선택하지 않았다. 대신 출연자들의 감정과 삶에 미칠 영향을 깊이 고민하며 신중한 기준을 세웠다.

가상현실 속 직관과 개념

"개념 없는 직관은 맹목이고, 직관 없는 개념은 공허하다."

– 이마누엘 칸트

직관과 개념은 서로 보완적이며 필수적이다. 직관은 감각적 경험이나 즉각적인 이해를 의미하고, 개념은 이러한 경험을 해석하고 의미를 부여하는 틀을 제공한다. 가상현실 기술은 개념에 해당하며 현실의 한계를 넘어서는 새로운 가능성을 제공한다. 그러나 이 기술이 사람들에게 진정한 위로와 감동을 주기 위해서는 감정적 직관이 필요하다. 즉 단순한 기술 구현을 넘어 사람들의 감정을 이해하고 배려하는 세심한 접근이 반드시 필요하다는 뜻이다.

출연자들의 감정(직관)만을 고려하여 아무런 기준 없이 VR 경험을 제공한다면 또 다른 문제를 일으킬 수 있다. 제작진이 세상을 떠난 가족을 재현할 때 가짜 대역을 세우지 않기로 결정한 것은 기술 가능성(개념)과 감정 이해(직관)를 조화롭게 결합할 수 있었기 때문이다. 이처럼 기술과 감정의 조화는 가상현실이 단순한 도구가 아니라 인간의 삶과 감정을 풍요롭게 하는 매체로 자리 잡는 데 필수적인 접근 방식이다.

메타버스, 기술을 넘어 공감으로

"기술이 발전하면 감정은 사라질까?" "가상현실 속에서 진정한 감정을 느낄 수 있을까?"

MBC 다큐멘터리 〈너를 만났다〉는 가상현실 기술로 세상을 떠난 사람들을 재현한다는 의도를 넘어 '공감'이라는 인간적인 연결을 만들어냈다. 1편에서 딸을 잃은 어머니는 가상현실 속에서 딸과 만남으로써 '슬픔'이라는 감정을 공유했고, 2편에서 아내를 잃은 남편은

'행복했던 기억'을 되살렸으며, 3편에서 엄마를 잃은 딸은 '그리움'을 표현했다.

'공감'은 가상현실 시대에서 더욱 중요한 가치가 될 것이다. Sympathy(동정)를 넘어 Empathy(공감), 즉 타인의 감정을 진심으로 이해하고 느끼는 능력이 가상현실과 현실 세계를 연결하는 다리가 될 것이다. '공감'과 '동정'이라는 두 감정은 우리가 타인과 어떻게 연결되는지 이해하는 데 중요한 역할을 한다. 공감은 타인의 입장에 자신을 투영하고 그들을 더 깊이 이해하는 능력을 말하며, 동정은 다른 사람에 대한 연민이나 동감을 의미한다.

〈너를 만났다〉는 가상현실 기술이 만들어낼 미래를 엿볼 수 있는 창문이다. 'Drawing a Big Picture', 즉 '더 큰 그림을 그린다'는 것은 가상현실을 살아갈 우리에게 꼭 필요한 태도이다. 우리의 세상은 점점 더 상호 연결되고 있지만, 진정한 연결은 오히려 더 희미해지고 있다. 공감을 키움으로써 우리는 우리 사이의 간격을 메우고, 더 깊은 관계와 더 자비로운 사회를 만들어가야 한다. 공감은 우리가 다양한 관점을 이해하고, 갈등을 해결하며, 효과적으로 협업할 수 있게 돕는다.

기후변화, 사회 정의, 빈곤 같은 글로벌 이슈를 생각해 보자. 동정은 우리가 어떤 현상을 보고 슬퍼하고 걱정하는 마음이다. 하지만 공감은 여기서 더 나아간다. 타인의 삶을 이해하고 의미 있는 행동을 취하도록 이끄는 것이다.

기술 발전은 우리에게 새로운 도구를 제공하지만, 그 도구를 어떻게 사용하느냐에 따라 우리의 미래는 달라진다. 우리는 메타버스에서 현실에서는 불가능했던 일을 시도하고, 새로운 형태의 소통과 협업을 이루어낸다. 그러나 이러한 기술이 진정한 가치를 가지려면 공감이 바탕이 되어야 한다. 그것이 더 나은 미래를 위한 첫걸음이 될 것이다.

기술은 여권, 공감은 비자

메타버스metaverse라는 개념은 가상, 초월을 의미하는 '메타meta'와 세계, 우주를 의미하는 "유니버스universe'를 합성한 신조어이다. 이 용어는 1992년 닐 스티븐슨Neal Stephenson의 소설 《스노 크래시Snow Crash》에 처음 등장했다. 이 소설은 가상현실과 현실 세계가 긴밀하게 연결된 미래를 그려냈다. 흥미로운 점은 작가가 그린 미래가 지금 우리의 현실과 많이 닮아 있다는 점이다. 하지만 메타버스는 기술 발전만을 의미하지 않는다. 기술을 넘어 공감으로 자유롭게 넘나드는 것이야말로 메타버스의 본질이다. 즉 기술이 여권이라면 공감은 비자라고 할 수 있다.

메타버스라는 가상 세계에서 우리는 물리적 한계를 넘어 다양한 사람들과 연결되고, 그들의 감정을 이해하며, 새로운 경험을 공유할 수 있다. 메타버스 기술은 이러한 감정 교류를 가능하게 하면서 가상현실이라는 공간에서 우리가 사랑하는 사람들과 소중한 순간을 다시 경험할 수 있게 해준다. 기술 발전이라는 의미를 넘어 인간의 기억을 되살리고 상실의 아픔을 치유할 수 있는 감정적 연결을 제공하는 것이다.

진정한 디지털 유목민이 되기 위한 조건

메타버스는 단순히 기술의 집합체가 아니라 인간의 감정과 경험이 확장되는 새로운 공간이다. 가상현실 속에서 우리는 물리적 한계를 넘어 다양한 사람들과 연결되고, 그들의 감정을 이해하며, 새로운 경험을 공유할 수 있다. 마치 '아바타'처럼 가상의 몸을 통해 새로운 세상을 탐험하고 현실에서는 불가능했던 일을 경험한다.

메타버스는 현실의 한계를 뛰어넘어 무한한 가능성을 제공하지만, 이 무한한 가능성은 동시에 무한한 책임을 요구한다. 그런데 왜 우리에게 이러한 가상 세계가 필요할까? 바로 우리가 살아가는 리얼월드real world, 즉 지구가 한계에 직면해 있기 때문이다. 기후변화, 환경 오염, 자원 고갈 등 우리는 지구에서 수많은 실수를 저질러왔다. 현실에서 우리가 저지른 실수를 가상에서 다시 저지를 수는 없는 것이다. 가상현실 속에서는 기후변화나 환경문제와 같은 실수를 되풀이하지 않고, 지속 가능한 미래를 위한 다양한 실험을 할 수 있다. 예를 들어, 가상 도시를 건설하여 에너지 효율성을 높이는 방법을 연구하거나 가상 농장을 운영하여 친환경적인 농업 방식을 실험할 수 있다. 메타버스는 '지속 가능한 미래'를 위한 테스트베드가 될 수 있다. 현실에서 시도하기 어려운 다양한 실험을 가상현실에서 진행함으로써 더 나은 미래를 위한 해결책을 찾을 수 있다.

그렇게 되려면 지구에서 범한 똑같은 실수를 메타버스에서 저지르지 않도록 주의해야 한다. 가상의 메타버스에서는 디지털로 구현된 다른 생명체를 학대하거나 인간의 무절제한 이기심으로 가상의 지구를 소유하고 파괴하는 행위를 자제해야 한다. 디스토피아의 현실을 피해 이주한 유토피아의 가상현실도 우리 세상임을 인식하고, 모든 생명체와 공존하면서 그들을 소중히 보호하려는 태도를 보여야 한다. 기술 발전과 함께 이러한 인식이 형성될 때, 인류는 메타버스에 온전히 이주한 첫 번째 디지털 유목민이 될 수 있을 것이다.

럭키비키한 팔머 럭키

사진 속 이 사람은 누구일까? 왜 이런 우스꽝스러운 자세를 취하고 있을까? 가상현실에 대해 이야기하자면 우리는 바로 이 사람, 팔머 럭키Palmer Luckey부터 알아야 한다. 이야기는 2012년에 시작된다. 그해 미국의 한 작은 회사가 가상현실 기기를 제작하기 위해 인터넷에서

크라우드펀딩으로 자금을 모으기 시작했다. 한 달 만에 모인 금액은 무려 243만 7,429달러, 우리 돈으로 약 35억 원이었다. 원래 목표의

10배에 달하는 금액이었다. 그만큼 사람들은 이 작은 회사의 아이디어에 열광했다.

그리고 2년 뒤, 이 회사는 세계를 놀라게 하는 뉴스를 발표한다. 바로 페이스북(현 메타)이 이 회사를 2조 5,000억 원에 인수한다는 소식이었다. 그 회사는 바로 '오큘러스Oculus'이다. 이 회사를 설립한 젊은 창업자가 바로 팔머 럭키이다.

팔머 럭키가 스물한 살에 세계적인 부자가 됐다는 점이 중요한 것이 아니다. 그의 성공 스토리는 가상현실 기술이 가진 잠재력을 보여준다는 점에서 의미가 있다. 그의 이야기는 우리에게 꿈과 열정, 그리고 혁신의 중요성을 일깨운다.

앞으로 우리는 가상현실을 통해 새로운 세상을 경험하게 될 것이다. 마치 스티븐 스필버그Steven Spielberg 감독이 만든 영화 〈레디 플레이어 원Ready Player One〉처럼 가상현실 속에서 공부하고, 일하고, 친구를 만나고, 쇼핑도 할 수 있게 된다. 하지만 가상현실은 단순히 게임이나 엔터테인먼트를 위한 기술이 아니다. 교육, 의료, 예술, 제조 등 다양한 분야에서 혁신을 가져올 미래 핵심 기술이다.

가상현실은 환경문제를 해결하는 강력한 도구가 될 수도 있다. 가상현실은 환경 파괴 없이 현실적인 경험을 제공하며, 환경문제에 대한 인식을 제고하고 새로운 해결책을 모색하는 데 도움이 될 수도 있다. 가상현실 기술이 환경문제에 어떤 방식으로 활용될 수 있을까?

- **환경 보호와 지속 가능성 교육:** 가상현실로 생태계와 환경문제를 시각적으로 체험하며 교육 효과를 극대화할 수 있다.
- **가상 생태계 복원:** 멸종 위기 동물의 서식지를 가상으로 복원하고, 자연환경의 변화를 시뮬레이션하여 데이터 기반의 보전 전략을 수립할 수 있다.
- **새로운 직업 창출:** 가상 생태계 복원 전문가, 가상 환경 교육 전문가, 가상 환경 컨설턴트, 가상 환경 데이터 분석가, 가상 환경운동가 등 다양한 직업이 탄생할 것이다.

가상현실 기술은 환경 보호와 지속 가능한 발전을 위한 혁신적인 도구로 자리 잡을 것이다. 이러한 기술을 활용하여 환경 분야의 전문가들은 더욱 효과적으로 문제에 대응하고 지속 가능한 미래를 만들어갈 수 있다.

가상현실 기술, 어떻게 발전해 왔을까?

가상현실의 역사는 우리가 생각하는 것보다 훨씬 오래되었다. 1950년대 중반, 미국의 영화 제작자이자 발명가인 모턴 헤일리그Morton Heilig는 영화 관람 경험을 혁신적으로 바꾸고 싶었다. 단순히 스크린을 보는 것을 넘어 관객이 영화 속에 완전히 몰입할 수 있는 기계를 만들고 싶었다. 그렇게 탄생한 것이 바로 센소라마Sensorama(1955~1957)이다. 센소라마는 대형 디스플레이를 통해 3D 영상을 제공할

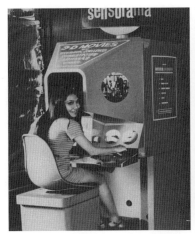

헤일리그가 만든 센소라마
(출처: media+art+innovation 홈페이지,
'The Sensorama: One of the First Functioning Efforts in Virtual Reality')

뿐만 아니라 스테레오 사운드, 향기, 바람, 진동 효과까지 전달하며 오감을 자극하는 경험을 제공했다. 오토바이를 타고 도심을 질주하는 영상을 볼 때 얼굴을 스치는 바람과 도시의 냄새를 느낄 수 있었던 것이다. 하지만 당시 기술과 자본의 한계로 센소라마는 대중화되지 못했다.

헤일리그는 여기서 멈추지 않았다. 그는 1960년에 텔레스피어 마스크Telesphere Mask라는 기기를 개발했다. 이는 세계 최초의 몰입형 헤드 마운트 디스플레이HMD로 사용자가 머리에 착용하고 3D 입체 영상을 감상하는 기기였다. 비록 당시 기술의 한계로 움직임 추적이나 상호작용 기능은 제공되지 않았지만, 이러한 시도는 이후 VR 기기의 발전에 큰 영감을 주었다.

자론 러니어
(출처: 《The Guardian》, 'Jaron Lanier: 'The
solution is to double down on being human''')

1989년 VR 기기인 아이폰
(출처: Creative 360 홈페이지,
'History Of Virtual Reality')

1980년대, 컴퓨터 프로그래머이자 음악가인 자론 러니어Jaron Lanier는 우리가 오늘날 사용하는 '가상현실Virtual Reality'이라는 용어를 대중화한 인물이다. 그는 머리에 쓰는 VR 헤드셋과 데이터 글러브Data Glove를 제작했으며, 이를 통해 손의 움직임을 감지하고 가상 세계에서 상호작용이 가능하게 했다. 흥미롭게도 러니어가 개발한 VR 기기의 이름은 '아이폰EyePhone'(1989)이었다. 애플 아이폰과 이름은 비슷하지만 완전히 다른 기기였다.

VR 기술은 환경문제를 체험하고 해결책을 모색하는 데 중요한 도구가 될 수 있다. 데이터 글러브를 사용하여 가상 환경에서 쓰레기를 수거하거나 나무를 심는 등 환경 보호 활동을 직접 체험할 수도 있고, 가상현실에서 플라스틱 쓰레기를 분리수거하거나 나무를 심어 숲을 조성함으로써 환경 보호의 중요성을 배우고 실천할 수도 있다.

이후 1990년대에는 스턴트매스터Stuntmaster, 아이글래시즈I-Glasses, 사이버맥스CyberMaxx 같은 VR 기기들이 등장했다. 이 기기들은 만화

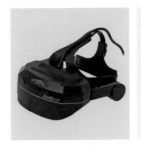

스터트마스터
(출처: The video Game Kraken 홈페이지)

아이글래시즈
(출처: V-R TIFACTS 홈페이지)

사이버맥스
(출처: The video Game Kraken 홈페이지)

경 같은 디스플레이와 가벼운 무게로 사용성을 개선했지만 기술적 한계와 높은 가격으로 대중화에는 실패했다. 만약 이러한 기기들이 대중화되었다면 가상 아마존 열대 우림 탐험, 가상 동물원 방문, 에너지 절약 체험 등을 통해 환경문제에 대한 인식을 더욱 높일 수 있었을 것이다.

VR의 역사는 가상현실 기술이 환경문제를 체험적으로 학습하고, 지속 가능한 행동을 촉진하며, 자원을 절약하는 데 큰 잠재력을 가지고 있음을 보여준다. 이러한 기술 발전이 반드시 환경 파괴로 이어지는 것은 아니다. 오히려 기술을 활용하여 환경을 보호하고 보존할 수 있는 방법을 찾아야 한다.

가상현실에서의 경험이 현실에서의 행동 변화로 이어질 수 있도록 교육 프로그램과 콘텐츠를 개발하는 것이 중요하다. VR 체험 후 토론이나 발표, 실제 환경 보호 활동 참여 등을 통해 가상과 현실을 연결하고, 환경문제를 해결하기 위해 실천 의지를 높여야 한다. 이를 위해 개인과 기업 모두가 환경을 고려한 기술 개발과 활용에 힘써야한다. VR 기술 개발 과정에서 에너지 소비를 줄이고 친환경적인 소재를 사용하는 등 지속 가능한 미래를 위한 노력이 필요하다.

메타버스 시대의 교훈

식물 성장을 결정하는 요소는 무엇일까? 햇빛, 물, 영양분 등 여러 가지가 있지만, 식물의 성장은 가장 부족한 요소에 의해 결정된다. 이것이 바로 최소량의 법칙Law of the Minimum이다. 아무리 풍부한 영양분을 공급하더라도 단 하나의 필수 요소가 부족하면 식물은 제대로 성장할 수 없다. 마치 나무통의 널빤지 중 가장 짧은 널빤지가 물의 높이를 결정하는 것처럼 말이다.

흥미롭게도 이 법칙은 기술 발전에도 적용된다. VR이나 메타버스 같은 혁신 기술이 과거에 등장했음에도 대중화되지 못했던 이유는 무엇일까? 다른 관련 기술이 함께 발전하지 못했기 때문이다. 기술은 서로 유기적으로 연결되어 있기 때문에 균형 잡힌 발전이 없으면 혁신 아이디어도 빛을 발하지 못한다.

1994년에 등장한 '랜드스케이프Landscape'라는 3D 웹 브라우저는 오늘날의 메타버스처럼 사용자들이 3D 가상공간에서 만나 소통할 수 있는 혁신적인 시도였다. 그러나 느린 네트워크 속도, 낮은 그래픽 처리 능력, 부족한 데이터 저장 기술 등의 문제로 실패하고 말았다. 이는 기술 분야에서 최소량의 법칙이 작용한 대표 사례이다.

최근에는 상황이 달라졌다. 알고리즘, 빅데이터, GPU, 고성능 카메라, 생성형 AI 등 다양한 기술이 함께 발전하면서 메타버스를 현실로 구현할 기반을 마련하고 있다. 이는 새로운 세계를 여는 의미 있는 신호이다. 마치 비옥한 토양에서 씨앗이 싹을 틔우고 무럭무럭 자라나듯, 기술 발전은 새로운 가능성을 제시하고 있다.

그러나 잊지 말아야 할 것이 있다. 기술 발전이 환경에 미치는 영향이다. 기술 발전은 에너지 소비를 증가시키고 환경에 부정적인 영향을 미칠 수 있다. 물론 메타버스를 통해 가상 회의와 원격 근무를 활성화해 탄소 배출을 줄이거나 가상현실로 환경 교육을 실시하여 환경 의식을 높일 수 있다. 하지만 이러한 긍정적인 영향에도 에너지 효율을 높이는 기술 개발과 친환경적인 접근은 반드시 필요하다. 기술 발전이 환경 파괴로 이어진다면 진정한 의미의 발전이라고 할 수 없다. 환경문제를 간과한 기술 발전은 지속 가능하지 않다.

최소량의 법칙은 기술 발전뿐만 아니라 환경문제 해결에도 중요한 시사점을 제공한다. 지구 환경은 하나의 생태계처럼 다양한 요소들이 서로 영향을 주고받는다. 따라서 환경문제를 해결하기 위해서는 어느 한 분야에만 집중할 것이 아니라 모든 분야에서 균형 잡힌 노력을 기울여야 한다. 마치 숲을 가꾸기 위해 나무뿐만 아니라 토양, 물, 공기처럼 자연의 모든 요소를 관리해야 하는 것처럼 말이다.

균형 잡힌 기술 발전과 환경 보호, 이 두 가지 목표를 동시에 달성할 때 우리는 지속 가능한 미래를 열 수 있다. 최소량의 법칙을 기

억하면서 인간과 자연이 조화롭게 공존하는 미래를 향해 나아가야
할 때이다.

라스코 동굴 벽화에서 찾는 미래의 지혜

프랑스 남서부의 작은 마을에 위치한 라스코 동굴 벽화는 1만
5000년 전 선사시대 인류의 숨결을 느낄 수 있는 유산이다. 동굴에
그려진 수백 점의 벽화는 단순한 그림이 아닌 선사시대의 메타버스
라고 볼 수 있다. 동굴 벽화를 살펴보면 이상적인 세계를 표현한 흔
적들을 볼 수 있는데, 이는 인류가 오래전부터 품어온 이상 세계에
대한 욕망을 보여준다.

선사시대 인류는 어둠과 추위를 견디며 자연과 교감하면서 사냥
성공을 기원하고 이상 세계를 그려냈다. 라스코 동굴 벽화에 묘사된
말, 사슴, 소 등 다양한 동물은 사냥하는 대상인 동시에 자연의 일부
로 인식되었다. 자연과 인간이 하나로 연결된다는 선사시대의 인식
을 보여주는 것이다. 하지만 오늘날 우리는 기후변화, 환경 오염, 생
물 다양성 감소 등 심각한 위기에 직면해 있다. 산업화와 도시화로
자연은 파괴되었고, 지금 우리는 그 대가를 치르고 있다.

현대 사회는 기술 발전을 통해 새로운 세계를 꿈꾸며 가상현실과
메타버스를 만들어냈다. 가상 세계는 환경 파괴 없이도 자연의 아름
다움을 체험하고 다양한 생태계를 탐험할 기회를 제공한다. 이는 환
경 교육의 필요성과 자연의 소중함을 알리는 데 유용하다. 하지만

라스코 동굴 벽화
(출처: '공부하는 블로그', '구석기시대에 그려진 초기예술작품 라스코 동물 벽화')

우리의 행동이 바뀌지 않는다면 가상 세계는 단순한 도피일 뿐이다. 가상 세계는 현실 문제를 해결하는 만병통치약이 아니다.

라스코 동굴 벽화는 인간과 자연의 조화로운 공존에 대한 메시지를 전한다. 선사시대 인류는 자연을 존중하며 예술을 통해 자연과 소통했다. 우리는 그들의 지혜를 기억해야 한다. 가상현실을 활용한 환경 보호 시뮬레이션, 지속 가능한 도시 계획, 친환경 생활 습관 확산 등은 가상 세계를 통해 우리가 새롭게 모색할 수 있는 가능성이다.

기술 발전으로 가상 세계라는 새로운 공간을 얻었지만, 그 안에서 어떤 세계를 만들어갈지는 우리의 몫이다. 과거의 지혜와 현재의 기술을 결합해 지속 가능한 미래를 만들어가는 노력이 필요하다. 자연과 조화로운 공존을 위한 우리의 행동은 지금 시작되어야 한다.

☑️ 탐구하기
메타버스에서 아바타로 악수하기

인도 사람들과 소통하기 위한 비슈누 신의 10개의 아바타
(출처: 블로그 '인도백과', '비슈누-힌두교 최고 3신 중 유지의 신')

힌두교의 3대 신 중 하나인 비슈누는 우주를 유지하고 평화를 지키는 신으로 커다란 금시조 가루다를 타고 다니며 악을 물리치고 정의를 수호한다. 흥미로운 점은 비슈누가 세상을 구원하기 위해 다양한 모습의 아바타Avatar, 즉 화신으로 인간 세계에 내려왔다는 것이다. 마치 게임 속 캐릭터를 선택하듯 비슈누는 상황에 따라 거북이, 물고기, 멧돼지 등 다양한 아바타로 변신해 악당을 물리치고 세상을 구한다.

비슈누의 첫 번째 아바타인 물고기 '마츠야'는 대홍수에서 인류와 동물들을 구원했다. 거대한 물고기로 변신하여 홍수를 예고하고 방주를 만들어 사람들이 대피하도록 도왔다. 이처럼 비슈누의 아바타는 각 시대에 필요한 모습으로 나타나 사람들을 위기에서 구하고 새로운 희망을 선사했다.

비슈누 신처럼 현대 사회에서도 사람들은 메타버스라는 가상 세계에서 자신을 나타내는 아바타를 통해 새로운 모습으로 활동할 것이다. 메타버스는 현실 세계와 같은 사회, 경제, 문화 활동이 이루어지는 3차원 가상 세계이다. 마치 비슈누 신이 아바타를 통해 세상을 구원했듯, 사람들은 메타버스라는 새로운 세상에서 아바타를 통해 자신의 꿈을 펼치고, 새로운 관계를 맺으며, 무한한 가능성을 탐험할 것이다.

☑ 질문하기

질문 1. 닐 스티븐슨이 1992년에 출간한 《스노 크래시》에는 두 가지 중요한 개념이 처음으로 소개되었다. 하나는 메타버스이고 또 하나는 아바타이다. 이 소설에서 닐 스티븐슨은 메타버스와 아바타를 어떤 개념으로 사용했을까?

《스노 크래시》는 사이버펑크 장르의 SF 소설로 가상현실과 사회 분열, 기술 발전이 극도로 진화한 근미래가 배경이다. 이 소설은 세계 경제가 붕괴하고 국가의 권한 대부분이 기업과 민간 조직으로 넘

닐 스티븐슨과 그가 쓴 SF 소설 《스노 크래시》
(출처: 《The New York Times》, Amazon)

어간 미국을 무대로, 피자 배달원이자 해커인 주인공 히로 프로타고니스트Hiro Protagonist가 가상현실 세계 메타버스에서 발생하는 이상 현상과 새로운 사이버 드럭인 '스노 크래시'의 실체를 파헤치면서 펼쳐치는 이야기를 담고 있다.

메타버스:

아바타:

✏️ 핵심 정리

이 소설 속 메타버스는 단순히 가상현실 게임이나 온라인 플랫폼이 아니라 현실 세계를 초월한 '또 다른 우주'로 그려진다. 이 공간에서 사람들은 디지털 아바타를 통해 소통하고 활동하며, 현실과 가상을 융합한 새로운 세계를 경험한다.

- **메타버스:** 거대한 온라인 공간으로 사용자가 아바타를 통해 접속해 쇼핑, 회의, 콘서트 관람 등 현실 세계와 유사한 활동을 한다. 메타버스 안에는 '블랙 선'이라는 가상 도시가 존재하며, 사람들은 이곳에서 다양한 사회 활동을 펼친다.
- **아바타:** 메타버스에 접속한 사용자의 가상 육체로 단순한 게임 캐릭터가 아니라 사용자의 또 다른 모습이다. 사람들은 아바타를 통해 현실 세계의 한계를 넘어 새로운 정체성을 탐구하고 꿈을 펼친다.

스티븐슨은 메타버스를 통해 현실 세계의 한계를 뛰어넘는 가능성을 제시하는 동시에, 정보와 권력 집중, 가상 범죄, 현실 도피 같은 문제도 경고한다. 소설은 메타버스와 아바타가 제공하는 무한한 가능성이 현실 세계의 문제를 해결하는 데 어떻게 기여할 수 있는지 질문을 던진다.

《스노 크래시》는 기술과 환경의 조화를 통해 지속 가능한 미래를 꿈꾸는 메시지를 전달한다. 가상 세계가 제공하는 자유는 현실 세계의 제약을 넘어서지만, 동시에 현실 세계에서의 책임 또한 잊지 않아야 한다는 교훈을 담고 있다.

소설에서 흥미로운 점은 소설 속 주인공인 히로 프로타고니스트가 한국계 혼혈이라는 점이다. 메타버스와 아바타의 시초가 되는 이야기의 중심에 한국인이 있다는 점은 꽤나 상징적이다.

질문 2. 메타버스 속 아바타는 단순히 '자아Ego'의 표현일까? 아니면 '또 다른 자아Alter Ego'로 진화할 수 있을까?

➥ 핵심 정리

아바타의 Ego는 현실 세계의 '나'의 가치관, 신념, 성격 등을 반영한다. 즉 현실에서 중요하게 생각하는 가치들을 가상 세계에서도 그대로 유지하고 싶어 하는 욕구가 반영된 것이다. 아바타는 가상 세계 속 자아를 표현하지만, 현실의 '나'를 반영하기도 한다. 아바타의 Ego를 통해 우리는 가상 세계에서도 '나다움'을 유지하며 진정성 있는 관계를 맺을 수 있다.

메타버스 플랫폼에서는 사용자들이 개성을 표현할 수 있도록 다양한 아바타 커스터마이징 기능을 제공한다. 얼굴형, 헤어스타일, 의상, 액세서리 등을 선택해 자신만의 아바타를 만들 수 있다. 이를 통해 사용자는 다양한 방식으로 자신을 표현할 수 있다.

현실 세계의 패션 브랜드들은 메타버스에서 가상 패션쇼를 열고 아바타를 위한 의상을 판매하기도 한다. 사용자들은 아바타에게 명품 옷을 입히거나 독특한 스타일을 연출하며 자신의 패션 감각을 드러낸다. 아바타는 또한 사회적 메시지를 전달하거나 가상 집회를 통해 사회운동에 참여하는 도구가 될 수 있다. 코로나19 팬데믹 동안 현실 졸업식을 개최할 수 없게 되자, 어떤 학교는 메타버스에서 가상 졸업식을 열었다. 졸업생들은 아바타를 통해 졸업식에 참석하고 친구들과 기념사진을 찍으며 추억을 만들었다.

그렇다면 아바타는 '나'를 넘어설 수 있을까? 아바타의 Alter Ego는 가상 세계에서 '만약 내가 ~라면?'이라는 상상을 현실로 바꾸어준다. 현실에서는 드러내지 못했던 숨겨진 욕망, 꿈, 이상적인 모습 등을 투영한 자아이다. 즉 현실의 '나'와는 다른 새로운 모습으로 존재하고 싶어 하는 욕구가 반영된 것이다. 영화 〈아바타〉에서 제이크 설리가 나비족 아바타를 통해 판도라 행성에서 새로운 삶을 경험한 것처럼, 아바타의 Alter Ego는 현실의 제약과 사회 규범을 초월한 자유로운 자기표현을 가능하게 한다. 이를 통해 우리는 가상 세계에서 새로운 정체성을 탐험하고 숨겨진 잠재력을 발휘하면서 꿈꾸던 삶을 경험할 수 있다.

참가자들이 자신의 Alter Ego 아바타를 통해 노래 경연에 참여하는 미국 FOX TV의 프로그램 〈Alter Ego〉, 사용자가 애니메이션 캐릭터, 동물, 심지어 사물의 모습으로 Alter Ego를 설정해 가상 세계를 탐험하고 다른 사람들과 소통하는 VR Chat, 사용자들이 자신만의 개성 있는 아바타를 만들어 다양한 활동을 즐기며 새로운 정체성을 탐구하는 제페토, 로블록스, 이프랜드 등이 아바타 Alter Ego의 실제 사례이다.

🌐 아바타 속 환경

나는 환경 아바타!

1. 생물학적 아바타: 생명의 경계를 넘어

KAIST 연구팀이 개발한 뇌 이식용 무선기기를 이용하면 스마트폰으로 뇌를 조종하여 생물학적 아바타를 현실로 만들 수 있다고 한다. 영화 〈써로게이트Surrogates〉처럼 생물학적 아바타는 질병 치료나 장애 극복에 활용될 수 있지만, 생명 윤리와 안전성 면에서 해결해야 할 과제가 여전히 존재한다. 만약 동물의 뇌에 인간

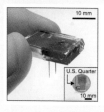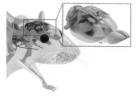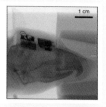

뇌 이식용 무선 디바이스
(출처: 〈AI타임스〉, 'KAIST연구팀, '무선 충전 가능' 뇌 이식 장치 개발')

의 의식을 연결한다면 어떻게 될까? 어쩌면 멸종 위기 동물의 삶을 체험하면서
환경문제에 대한 새로운 통찰을 얻을 수 있을 것이다.

2. 메카트로닉 아바타: 인간과 기계의 만남

영화 〈써로게이트〉처럼 인간의 움직임을 그대로 따라 하는 로봇 아바타는 위험
한 작업이나 재난 현장에서 사람을 대신할 수 있다. 메카트로닉 아바타는 인간
의 물리적 한계를 극복하는 도구로 활용되지만, 인공지능 윤리와 일자리 감소
같은 사회문제를 간과해서는 안 된다. 만약 메카트로닉 아바타를 이용해 심해나
우주를 탐사한다면 어떻게 될까? 인간이 직접 접근하기 어려운 곳을 탐험하고,
새로운 자원을 발견하며, 인간의 희생을 최소화하면서 지구 밖 세상을 개척할
수 있을 것이다.

3. 디지털 아바타: 무한한 가능성의 세계

영화 〈레디 플레이어 원〉처럼 메타버스 플랫폼에서 자신만의 개성을 표현하는
디지털 아바타를 만들 수 있다. 디지털 아바타는 자기표현과 소통의 도구로 가
상 세계에서 다양한 정체성을 실험하고 새로운 관계를 맺으며 무한한 가능성을
탐험할 수 있다. 만약 디지털 아바타를 통해 가상으로 환경 보호 활동을 한다면
어떨까? 숲을 조성하고, 멸종 위기 동물을 돌보며, 환경문제 해결을 위한 캠페인
을 벌이는 등 지속 가능한 미래를 위한 행동이 가능할 것이다.

질문 3. 메타버스에서 악수하기(인터렉션)는 가능할까?

시각적

청각적

촉각적

▦ 핵심 정리

2002년, 영국과 미국의 과학자들은 4,800km 거리를 뛰어넘어 인터넷을 통해 가상 악수를 나누는 실험에 성공했다. 런던대학교와 MIT 공동 연구팀은 '팬텀'이라는 펜 모양의 로봇 팔을 이용하여 가상 세계에서 상대방과 밀고 당기는 힘을 느끼고, 컴퓨터상의 물체를 조작하는 데 성공했는데, 이는 마치 상대방의 손을 직접 잡고 악수하는 듯한 촉감을 전달했다.

메타버스에서의 악수는 단순히 아바타의 손이 겹치는 것을 넘어 현실에서처럼 상대방의 존재를 느끼고 감정을 교류하는 경험이 가능하다는 것을 의미한다. 이를 위해 다양한 기술이 유기적으로 결합되고 있다. 최신 기술 동향을 살펴보면 다음과 같다.

1. 현실적인 아바타 구현

메타휴먼 크리에이터를 사용하면 실제 사람과 거의 구분할 수 없을 정도로 사실적인 아바타를 제작할 수 있다. 이러한 아바타는 사용자의 손과 눈 움직임을 추적하는 Hand Tracking & Eye Tracking 기술과 결합되어 더욱 생동감 있게 움직인다. 메타 퀘스트 2와 같은 VR 헤드셋은 이러한 추적 기술을 활용해 아바타가 사용자의 동작을 정밀하게 반영한다.

메타휴먼 크리에이터
(출처: METAHUMAN 홈페이지)

2. 생생한 감각 경험

Varjo XR과 같은 고급 VR 헤드셋은 고품질 그래픽과 넓은 시야각을 제공해 가상 환경과 아바타를 더욱 사실적으로 묘사한다. 애플의 에어팟 맥스는 공간 음향 기술을 통해 소리의 방향과 거리감이 현실처럼 느껴진다. 또한 bHaptics의 VR 장갑과 햅틱 슈트는 가상 세계에서의 접촉이 실제처럼 느껴져 가상 악수의 감각을 생생하게 전달한다.

3. 자연스러운 상호작용

가상 세계에서 자연스러운 상호작용을 위해 환경과 맥락을 이해하고 이에 맞춰 반응하는 인공지능 기반 NPCNon-Player Character가 도입되고 있다. 이러한 기술은 사용자의 행동에 따라 적절한 반응을 보이며, 상황에 맞는 대화를 이어갈 수도 있다.

4. 사용자 경험 향상

파이맥스 크리스털Pimax Crystal 같은 VR 헤드셋은 가벼운 무게와 인체공학적 디자인으로 착용감을 개선하여 장시간 사용에도 편안함을 제공한다. 이를 통해 사용자들은 몰입감 높은 가상 세계를 더 오랫동안 즐길 수 있다.

이러한 기술은 메타버스에서의 악수를 더욱 현실감 있고 감각적인 경험으로 만들고 있다. 앞으로 메타버스에서의 상호작용은 시각적 경험을 넘어 감각과 정서를 함께 나누는 방향으로 진화할 것이다.

질문 4. 메타버스에서 악수할 때 우리가 고려해야 할 점은 무엇일까?

✏️ 핵심 정리

현실에서 저지른 실수를 메타버스에서 다시 저지를 수는 없다. 메타버스는 빠르게 발전하며 우리 삶에 큰 영향을 미칠 준비를 하고 있다. 그러나 메타버스가 진정으로 유익하고 지속 가능한 공간이 되기 위해서는 몇 가지 중요한 사항을 반드시 기억해야 한다.

1. 모두에게 열린 기회
메타버스는 새로운 일자리와 경제 활동을 창출할 가능성이 있지만 디지털 격차나 불공정 경쟁을 심화시킬 위험도 있다. 모두에게 공정한 기회를 제공하고 다양한 참여자가 혜택을 누릴 수 있도록 시스템을 설계해야 한다.

2. 나의 정보는 소중하게
메타버스에서는 개인 정보, 활동 데이터, 생체 정보 등 민감한 정보가 수집될 수 있다. 개인 정보 보호는 매우 중요한 과제이므로 데이터는 안전하게 관리되어야 하고 사용자에게 정보 통제권을 부여해야 한다.

3. 안전하고 믿을 수 있는 공간

사이버 괴롭힘, 혐오 발언, 허위 정보는 메타버스를 위험하게 만들 수 있다. 안전 시스템을 구축하고 유해 콘텐츠를 차단함으로써 건강한 커뮤니티 문화를 조성해야 한다.

4. 다양성을 존중하는 메타버스

장애인, 노인, 저소득층 등 디지털 취약 계층을 포함하여 누구나 메타버스에 접근하고 참여할 수 있어야 한다. 접근성을 고려한 디자인, 다양한 참여 기회 제공, 차별 방지 노력이 필요하다.

메타버스에서의 악수는 기술 발전뿐만 아니라 윤리적, 사회적 가치를 함께 고려해야 한다. 경제적 기회, 개인 정보 보호, 안전, 형평성 등의 핵심 과제들을 해결해야만 모두에게 유익하고 지속 가능한 메타버스를 만들 수 있다.

(출처: 'Building the Metaverse Responsibly')

☑ 행동하기
소외된 90%를 위한 메타버스 만들기

열세 살 소녀 이윅Ewok은 청각 장애를 가지고 있지만, '포트나이트FORTNITE'라는 게임에서 프로게이머로 활동하며 페이즈 클랜FaZe Clan이라는 유명 프로게이머 팀에도 합류했다. 청각장애를 가진 이윅이 포트나이트에서 프로게이머로 활동할 수 있었던 이유는 이 게임이 접근성을 고려한 디자인을 채택했기 때문이다. 포트나이트는 모든 청각 정보를 시각적으로 표현하여 청각 장애인도 게임을 즐기는 데 어려움이 없도록 했다. 발소리, 총소리, 폭발음 등 다양한 소리가 화면에 시각적으로 표시되어, 이윅도 소리 정보를 놓치지 않고 게임을

청각장애를 가진 트위치 스트리머 Ewok
(출처: Dexerto 홈페이지, 'Deaf streamer Ewok reveals how Fortnite and
Twitch's biggest stars 'changed her life' forever')

플레이할 수 있었다.

　이웍의 사례는 메타버스가 장애인들에게 새로운 기회를 제공할 수
있음을 보여준다. 메타버스 플랫폼은 접근성을 고려한 디자인을 통
해 장애인들이 신체적, 사회적 제약 없이 다양한 활동에 참여하고 잠
재력을 발휘할 수 있도록 지원해야 한다. 메타버스에서 장애는 더 이
상 장벽이 되지 않는다. 이처럼 메타버스는 장애 학생들에게도 무한
한 교육 기회를 제공할 수 있는 잠재력을 갖고 있다. 메타버스를 교
육 현장에서 활용할 때 장애 학생들이 쉽게 접근할 수 있게 하려면
어떤 노력이 필요할까?

모두에게 열려 있는 메타버스 만들기

　메타버스는 누구나 쉽게 접근하고 즐길 수 있는 공간이어야 하지

만 현실은 아직 그렇지 못하다. 특히 장애인들은 메타버스를 이용하는 데 많은 어려움을 겪는다. 제페토를 통해 메타버스 접근성의 한계를 살펴보자.

제페토는 시각 정보가 많아 시각장애인이 이용하기 쉽지 않다. 화면 해설 프로그램도 정보를 제대로 전달하지 못하는 경우가 많다. AR 기능으로 캐릭터를 만들 때 얼굴을 틀에 맞춰야 하는데, 시각장애인은 틀의 위치를 정확히 알 수 없어 어려움을 겪는다.

지체장애인은 어떨까? 제페토의 다양한 기능을 활용하려면 복잡한 조작이 필요한데 손이나 팔을 움직이기 불편한 사용자는 제대로 조작할 수가 없다. 또한 빨리 반응해야 하는 게임이나 활동은 지체장애인에게 장벽이 될 수밖에 없다.

메타버스는 모든 사람에게 열려 있는 포용적인 공간이어야 한다. 장애인, 노인, 저소득층 등 디지털 취약 계층을 포함하여 누구나 메타버스에 접근하고 참여할 수 있어야 한다. 우리나라에서는 장애인의 메타버스 접근성에 대한 논의가 아직 미흡하다. 이와 관련해 서울시 대안 교육기관 '소리를 보여주는 사람들'과 KAIST 문화기술대학원이 게더타운에서 소통했던 사례를 소개하고자 한다.

메타버스는 농인들에게 새로운 소통의 장이 될 수 있다. 게더타운 같은 메타버스 플랫폼에서는 얼굴을 마주 보며 원형으로 앉아 소통하거나 비언어적인 시각 신호와 함께 손쉬운 상호작용이 가능하기 때문이다. 특히 코로나19로 물리적 거리두기가 지속되는 상황에서 농인들은 메타버스를 통해 서로 연결될 수 있었다. 그러나 접근성의 한계도 드러났다. 게더타운의 설정과 사용법은 주로 텍스트 중심으로 구성되어 있어 수어를 사용하는 농인들에게는 불편함이 따른다. 또한 시스템 자체가 농인들의 문화적 요구에 최적화되지 않아 메타버스 안에서 어려움을 겪는 사례도 있었다.

따라서 농인들이 메타버스를 쉽게 사용할 수 있도록 시각적 피드백과 수어 번역 기능 같은 맞춤형 지원이 필요하다. 농인 문화의 핵심은 시각적 소통과 공동체의 유대감이다. 따라서 농인들이 메타버스 내에서 자신만의 문화를 표현하고 자연스럽게 소통할 수 있는 기능이 추가된다면, 메타버스는 그들에게 더 깊은 연결감을 제공할 수 있을 것이다. 예를 들어, 수어 기반의 비디오 채팅 기능이나 농인 사용자들에게 익숙한 시각적 알림 시스템 등이 그것이다.

결론적으로, 메타버스는 농인을 비롯해 다양한 장애와 배경을 가진 사람들이 소통하고 참여할 수 있는 포용적 공간으로 발전할 잠재력을 가지고 있다. 농인들의 경험은 메타버스가 진정으로 모두를 위한 공간이 되기 위해 어떤 접근성과 포용성이 필요한지 깨닫게 해준다.

메타버스로 세상 바꾸기, 용균이를 만나다

산업재해로 희생된 김용균 씨를 VR로 만날 수 있다면 어떨까? 이러한 질문에서 출발한 프로젝트가 바로 2021년 〈너를 만났다〉 시즌 2의 마지막 편 '용균이를 만났다'이다. 이 작품은 'VR 저널리즘' 개념을 도입한 새로운 시도로 제작진에게도 도전적인 프로젝트였다.

김용균 씨가 사고를 당한 태안화력발전소에 직접 접근하는 것은 어려웠다. 그래서 제작진은 그의 동영상 자료, 동료 및 친구들의 인터뷰, 어머니 김미숙 씨의 동의를 얻어 휴대전화 포렌식을 진행하여 그의 삶과 작업 환경을 최대한 사실적으로 재현하려 했다.

VR 체험에는 교수, 주부, 취업준비생 등 다양한 배경을 가진 시민 열두 명이 참여했다. 많은 사람이 김용균 씨의 사고와 그의 열악한 노동 환경에 대해 잘 알지 못했지만, VR 체험 후 그들의 반응은 크게 달라졌다. 체험자들은 김용균 씨가 겪었던 현실에 깊은 충격을 받았다. 제작에 참여한 최미혜 작가는 VR로 구현된 작업 환경이 실제보다 순화된 버전임을 밝혔다. 실제 발전소 내부는 어둡고 소음이 심했으며, 김용균 씨는 하청업체 비정규직으로서 제대로 된 장비조차 제공받지 못했다.

VR을 통해 완벽히 재현할 수는 없었지만, 이 체험은 강력한 메시지를 전달하는 데 성공했다. 김용균 씨의 이야기는 VR이라는 기술이 단순히 과거를 재현하는 것을 넘어, 현재와 미래의 노동 환경 개선을 위한 공감과 변화를 이끌어내는 강력한 도구가 될 수 있음을 보여주었다.

김용균 씨의 어머니 김미숙 씨는 방송을 시청한 후, 많은 사람이 아들의 이야기에 공감해 주는 것을 보고 안도했다고 한다. 어머니는 아들을 기억할 무언가를 간절히 원했고, VR을 통해 재현된 아들의 일하는 모습을 보면서 작은 위로를 받을 수 있었다.

김용균 씨의 이야기는 과거의 아픔을 재현하는 것이 아니다. 현재의 아픔을 미래의 희망으로 바꾸기 위한 첫걸음이다. 이 이야기는 산업재해의 실상을 알리고, 더 안전한 노동 환경을 만들기 위한 노력의 일환이다. VR 저널리즘을 통해 김용균 씨의 삶과 죽음을 조명하는 것은 그의 메시지를 더 많은 사람에게 전하고, 더 나은 사회를 만들어가는 길을 찾는 중요한 시도이다.

우리의 당연함이 누군가의 희생으로 이루어진다는 사실을 잊지 말아야 한다. 단순히 이산화탄소 배출이 많은 석탄화력발전소를 반대하는 것이 아니라, 24시간 전기를 소비하려는 우리의 욕망이 어떻게 열악한 근무 환경과 위험 속에서도 쉼없는 기계 가동을 강요하는지, 그리고 그 속에서 비정규직 근로자들이 어떤 현실에 처해 있는지 직시해야 한다. 우리의 무관심이 또 다른 김용균 씨를 만들고 있는 건 아닌지 생각해 보아야 한다.

정의로운 전환은 모두가 연결되어 있으며, 이 연결고리에 대한 공감을 VR 체험이 넓혀 줄 수 있다. 이러한 체험은 우리의 관심과 책임감을 일깨우며, 세상을 조금씩 바꿔가는 데 중요한 역할을 할 것이다.

접근성, 기능이 아닌 권리의 문제

메타버스가 현실 세계의 대안으로 일상 속으로 자리 잡으려면 다양한 사용자들이 이 가상 환경에서 자유롭고 편리하게 상호작용할 수 있도록 접근성을 높여야 한다. 특히 시각, 청각, 신체 장애가 있는 사용자들도 원활하게 사용할 수 있는 환경을 반드시 제공해야 한다.

구글은 시각장애인을 위해 구글 토크백Google TalkBack을 통해 화면 내용을 음성으로 설명해 주는 기능을 제공하며, 휠체어 사용자들이 가상 환경에서 자연스럽게 이동할 수 있도록 설계된 인터페이스를 선보였다. 또한 마이크로소프트는 XR Access 이니셔티브와 협력하여 메타버스와 혼합현실MR 환경에서 접근성을 향상하기 위한 다양한 연구와 강의를 진행하고 있다.

2021년 3월에 진행된 강의에서는 메타버스 접근성에 대한 새로운 방향이 제시되었으며, 접근성이 기능 문제에 국한된 것이 아니라 인권의 문제임을 강조했다. 시각적 정보 전달이 어려운 환경에서는 청각적 피드백이 필요하고, 청각 장애가 있는 사용자들을 위해서는 시각적 정보 강화가 필수적이다. 이러한 노력은 장애인뿐만 아니라 다양한 사용자들이 메타버스에 평등하게 참여할 수 있도록 지원한다.

접근성을 기술 개선이라는 시선으로만 바라보아서는 안 된다. 접근성은 모두가 동등하게 기술 혜택을 누릴 수 있는 권리로 인식되어야 한다. 이는 메타버스가 포용적인 공간으로 발전하기 위해 반드시 고려해야 할 핵심 과제이다.

모두가 함께하는 열린 기술

- **VR 점자 블록:** 시각장애인이 VR 공간에서 길을 찾을 수 있도록 점자 블록을 VR 환경에 구현하는 기술이 개발되고 있다. 햅틱 장치와 연동하여 가상 점자 블록의 촉감을 느낄 수 있도록 하는 연구도 진행 중이다.

- **수어 아바타:** 청각장애인의 소통을 돕기 위해 수어를 구사하는 아바타가 개발되었다. AI 기술을 활용하여 사용자의 음성 또는 텍스트를 수어 동작으로 변환하여 아바타가 표현한다.

- **휠체어 아바타:** 이동에 제약이 있는 사용자를 위해 휠체어를 탄 아바타를 제공하여 가상공간에서 자유롭게 이동할 수 있도록 지원한다.

- **시각장애인을 위한 보는 앱 'Seeing AI':** Seeing AI는 시각장애인들이 시각 정보에 접근할 수 있도록 돕기 위해 마이크로소프트가 개발한 앱이다. 주변의 사람, 텍스트, 물체 등을 설명해 주는 기능을 제공하여 사용자들이 일상생활에서 정보를 더 쉽게 얻을 수 있도록 지원한다.

- **국내 시각 보조 서비스 투아트의 '설리번A':** SKT의 설리번A는 사물, 인물, 풍경 등을 스마트폰 카메라로 촬영하면 인공지능이 화면 속 이미지를 인식하고 음성으로 설명해 준다. 이를 통해 지하철 노선표, 식음료의 유통기한 같은 정보를 시각장애인들이 쉽게 확인할 수 있다.

- **청각 장애인이 운행하는 고요한 택시:** 청각장애인을 고용하기 위한 차량 호출 서비스 '고요한 택시'는 인공지능과 기술을 활용하여 소통 장벽을 없앴다. 택시에는 앞자리와 뒷자리에 태블릿이 설치되어 있어 이용자와 기사가 원활하게 소통할 수 있다. 이용자는 스마트폰이나 태블릿에 음성 인식 기능을 활용하여 목적지를 입력할 수 있다. 청각장애인 기사는 뛰어난 시야와 운전 능력을 갖추고 있어 교통사고 발생률이 낮은 것으로 알려져 있다.

마이크로소프트에서 제작하는 가정용 게임기 엑스박스Xbox의 아바타
(출처: MSPoweruser 홈페이지, 'Microsoft is adding wheelchair support in Xbox Avatars')

메타버스에서 우리는 피플로 살까, 휴먼으로 살까?

메타버스라는 새로운 공간으로 진입하면서 우리는 중요한 선택의 갈림길에 서게 되었다. 미국의 SF 작가 프랭크 허버트Frank Herbert가 쓴 소설 《듄Dune》에는 이런 표현이 나온다.

"당신이 피플people(생각하지 않는 사람)인지, 휴먼human(생각하는 능력을 지닌 사람)인지 알고 싶었다. 휴먼만이 인류 미래의 지도자가 될 수 있으므로."

메타버스 속에서 우리는 어떤 존재가 될 것인지 고민해야 한다. 사람의 모습을 하고 있지만 생각하고 선택하지 않는 '피플'로 살 것인지, 아니면 기술과 공존하며 더 나은 미래를 만들기 위해 노력하는 '휴먼'으로 살 것인지.

오늘날 우리는 메타버스라는 거대한 디지털 세계 속으로 이동하고 있다. 이 가상공간은 현실 세계의 한계를 넘어 자유롭게 경험하고 소통할 수 있는 유토피아로 여겨진다. 그러나 이 새로운 세계에서는 지구에서 저질렀던 실수를 반복하지 않아야 한다. 디지털로 구현된 다른 생명체를 학대하거나 현실 세계에서 소외된 이들의 고통을 외면하는 행위가 가상공간에서도 반복되어서는 안 된다.

현실 세계의 인간은 무절제한 이기심으로 지구를 소유하고 파괴해 왔다. 이러한 행위는 메타버스라는 새로운 세계에서도 자제되어야 한다. 대안의 터전이 될 이 가상 지구에서 우리는 더욱더 책임 있는 존재로 살아가야 한다. 기술을 이용해 현실의 디스토피아를 벗어나기만 하는 것이 아니라, 메타버스를 새로운 기회로 삼아 더 나은 세상을 만들어가야 한다. 모든 생명체와 공존하고 그 생명체를 보호하려는 인식을 갖출 때, 우리는 비로소 메타버스 속 첫 디지털 유목민으로서의 삶을 온전히 살아갈 수 있을 것이다.

결국 메타버스라는 새로운 공간에서 우리가 어떤 길을 선택하느냐에 따라 그 공간의 미래가 달라질 것이다. 인류는 디지털 기술을 통해 가상과 현실의 경계를 넘나들 수 있는 첫 기회를 얻었다. 하지만 그 가능성을 어떻게 사용할 것인가는 우리 선택에 달려 있다. 인간의 무절제한 이기심 대신, 공존과 존중을 택하는 '휴먼'이 되기를 선택한다면 메타버스는 우리가 꿈꾸던 진정한 유토피아가 될 수 있을 것이다.

MISSION 5

드론,
다르게 보고
다르게 생각하자

▶▷▶▷▶▷▷

하늘에서 본다는 것은?

얀 아르튀스 베르트랑의 사진집
《하늘에서 본 지구》

세계적인 항공작가
얀 아르튀스 베르트랑

얀 아르튀스 베르트랑Yann Arthus-Bertrand(이하 '얀'), 열일곱 살에 영화 감독 보조와 배우로 일하던 그는 돌연 영화계를 떠나 프랑스의 한 공원에서 일하기 시작한다. 그리고 서른 살이 되던 해, 아내와 함께 케냐의 마사이마라 국립공원에 거주하며 3년 동안 열기구를 타고 매일 사자들의 행동을 관찰하며 사진을 찍는다. 그렇게 높은 곳에서 세상을 내려다보던 그는 마침내 새로운 열정을 발견한다.

열기구에서 내려다본 광활한 대지는 얀에게 신선한 충격이었고, 그의 삶을 완전히 바꾸어놓았다. 그는 하늘 위에서 지구를 바라보며 사진만 찍을 것이 아니라, 그 안에 메시지를 담고 싶다는 열망에 사로잡혔다. 그렇게 탄생한 그의 작품들은 아름다움을 넘어 우리가 사는 세상을 새로운 시각으로 바라보도록 영감을 준다.

우리도 일상에서 익숙하게 보던 것들을 다른 시각으로 바라본다면 세상을 다르게 생각하고 새로운 가능성을 발견할 수 있지 않을까? 열기구를 타고 내려다본 세상이 다르게 보인 것처럼 우리 삶에서도 다양한 관점을 시도해 보는 것은 새로운 열정을 찾고 인생을 풍요롭게 만드는 계기가 될 수 있을 것이다.

☑️ 이해하기
호모 콰렌스, 지구를 지키는 여정을 떠나다

📋 아포리즘

"만약 곧 죽을 상황에 처했고 목숨을 구할 방법을 단 1시간 안에 찾아야 한다면 1시간 중 55분은 올바른 질문을 찾는 데 사용하겠다. 올바른 질문을 찾고 나면 정답을 찾는 데는 5분도 걸리지 않을 것이다."

– 알베르트 아인슈타인

'호모 콰렌스Homo Quaerens'는 '질문하는 인간'이라는 의미로 창의적이고 비판적인 사고를 통해 문제를 해결하고 새로운 가능성을 발견하는 인간의 본성을 강조하는 개념이다. 얀의 이야기는 이 '호모 콰렌스'의 개념을 보여주는 대표 사례이다.

그는 열기구에서 세상을 내려다보며 스스로에게 질문을 던졌다. "이 아름다운 지구를 어떻게 지킬 수 있을까?" 이 질문을 바탕으로 그는 자신의 인생을 재구성했다. 이 질문은 그가 펼쳐나갈 모든 활동의 원동력이 되었고, 그가 질문에 대한 해답을 찾는 여정을 시작하게 된 계기가 되었다.

얀은 전 세계를 여행하며 사람들에게 다양한 시각적 이야기를 전달했다. 1999년에 출간된 사진집 《하늘에서 본 지구》는 전 세계에서 350만 부 이상 판매된 베스트셀러가 되었고, 여러 언어로 번역되어 환경 보호의 중요성을 널리 알렸다.

얀은 그저 아름다운 사진을 찍는 사진작가가 아니다. 그는 하늘을 나는 '호모 콰렌스'이다. 그는 끊임없이 질문한다. '인간은 무엇인가?', '지구는 어떤 곳인가?', '우리는 어디로 가고 있는가?' 그는 열기구를 타고 세상을 내려다보며 이 질문에 대한 답을 찾고자 했다. 그는 사진과 다큐멘터리를 통해 아마존 열대우림의 벌목 현장, 사막화가 진행되는 아프리카, 빙하가 녹아내리는 북극 등 인간이 지구에 남긴 상처를 경고하면서 "우리가 살아가는 이 지구는 유한하며, 우리의 행동이 지구의 미래를 좌우한다"는 메시지를 전한다.

이후 얀은 다큐멘터리 영화 《홈Home》을 통해 다시 한번 질문을 던진다. '우리는 어떤 세상을 만들어갈 것인가?' 그는 이 질문에 대한 답을 찾기 위해 전 세계를 돌아다니며 사람들과 이야기를 나누고 그들의 삶에 귀를 기울였다. 그 여정 끝에 그가 얻은 해답은 환경문제는 기술적 문제가 아니라 인간의 가치관과 삶의 방식에 대한 문제라는 것이었다.

드론으로 세상을 놀라게 하다

현 DJI CEO 프랭크 왕汪滔은 확고한 신념으로 드론 산업에 뛰어들었다. 그는 대학 시절 지도교수와 함께 우연히 RC 헬리콥터를 접했을 때 처음으로 영감을 받았다. 대부분의 사람들은 RC 헬리콥터를 단순한 취미용 장난감으로 여겼지만, 프랭크 왕은 '이것이 세상을 바꿀 수 있다'고 믿었다. 그는 이 신념으로 드론 회사를 창립했고, DJI는 세계 최고의 민간 드론 회사로 자리 잡게 되었다.

프랭크 왕의 접근법은 드론 성능을 확장하는 데 그치지 않았다. 후발주자로 시작한 DJI는 기존 드론 회사들과의 경쟁에서 어려움을 겪을 수밖에 없었다. 하지만 대부분의 드론 회사들이 '더 멀리, 더 빠르게, 더 오래 나는 드론'을 만들기 위해 성능 경쟁에 몰두할 때 프랭크 왕은 그와는 다른 질문을 던졌다. '사람들은 드론으로 무엇을 하고 싶어 할까?'

이 질문은 DJI의 운명을 바꾸어놓았다. 프랭크 왕은 사람들이 드론을 이용해 '세상을 담고 싶어 한다'는 것을 발견했다. 이를 바탕으로 그는 드론에 장착할 카메라와 카메라를 안정화하는 짐벌gimbal에 주목했다. 프랭크 왕은 7년 동안 드론에 최적화된 짐벌 개발에 전념하면서 카메라가 흔들리지 않고 안정적으로 촬영할 수 있는 기술을 완성했다. 당시 경쟁사들은 "DJI는 드론 회사냐, 카메라 회사냐?"라며 비웃었지만, 프랭크 왕은 흔들리지 않았다.

7년 후, 그의 노력은 결실을 맺었다. 짐벌을 탑재한 DJI의 드론은 혁신적인 영상 촬영 기술로 시장을 놀라게 했다. 소비자들은 열광했고 경쟁사들은 뒤늦게 따라오려 했지만 이미 늦었다. DJI는 순식간에 드론 시장의 선두주자로 떠올랐고, 현재 70% 이상의 시장점유율을 차지하며 세계 1위 드론 기업으로 우뚝 섰다.

프랭크 왕의 성공은 기술 혁신을 넘어선 중요한 교훈을 준다. 남들이 생각하지 못한 질문을 던지고, 창의적인 해답을 찾는 것이 얼마나 중요한지 보여준 것이다. 또한 자신의 신념을 믿고 끈기 있게 노력하면 불가능은 없다는 것을 증명했다.

오늘날 DJI의 드론은 항공 촬영, 농업, 건설, 감시 등 다양한 분야에서 활용되며, 환경 감시, 재난 구조, 야생동물 보호 등에도 기여하면서 환경 보호에도 중요한 역할을 하고 있다. 프랭크 왕의 혁신적인 사고와 노력은 드론 산업의 새로운 가능성을 열었을 뿐만 아니라, 앞으로도 드론 기술 발전과 인류 삶에 큰 영향을 미칠 것이다.

"혁신은 단순히 새로운 것을 생각하는 것이 아니라 세상을 바꿀 질문을 던지는 것이다." 이 말을 몸소 실천한 이가 바로 프랭크 왕이다.

자연은 답을 알고 있다

2013년 LG전자의 스마트폰 광고에 '리지Lizzy'라는 이름의 닭이 등장했다. 닭은 몸을 움직여도 머리는 고정되는 특유의 능력을 지니고 있는데, 이런 특성은 닭의 전정기관과 목 근육의 협응으로 이루어지며, 이는 외부 환경이 변해도 시야를 안정적으로 유지하게 한다. 광고에서 리지는 머리에 카메라를 장착하고, 다양한 상황에서도 흔들림 없는 영상을 촬영하는 모습을 보여준다.

닭의 특성을 활용하여 기술의 우수성을 설명한 유머러스하면서도 창의적인 이 광고는, 자연에서 영감을 얻은 혁신적인 아이디어의 좋은 예시이다.

이처럼 자연에서 영감을 얻은 아이디어는 기술 발전에 새로운 방향을 제시한다. 우리 주변의 자연을 관찰하고 이해하는 것은 혁신적인 발상의 원천이 될 수 있다. 자연은 답을 알고 있다. 우리의 역할은 그 답을 발견하고 활용하는 것이다.

질문은 가치를 동반해야 한다

드론의 가능성에 대한 질문이 정의로운 가치를 만나지 못한다면 어떻게 될까? 군사용 드론으로 이야기를 풀어가 보자. 민간 부문에서 혁신적인 질문을 던졌던 기업이 DJI라면, 군사 부문에서는 미국이 그 역할을 맡고 있다. MQ-9 리퍼Reaper, RQ-4 글로벌 호크Global

Hawk 등 고성능 드론은 미국의 군사 작전에서 핵심적인 역할을 수행하면서, 2022년 기준 미국은 세계 군사용 드론 시장의 약 70%를 점유하고 있다.

'군인이 죽지 않는 전쟁 무기를 만들 수 있다면 어떨까?'라는 질문은 군사용 드론의 발전을 이끌었다. 드론은 조종사의 희생 없이 적에게 치명적인 타격을 가할 수 있다는 점에서 군사 전략에 매우 매력적인 도구이다. 특히 미국의 경우 드론은 미군의 희생을 최소화하며 군사 작전을 효율적으로 수행할 수 있는 무기로 여겨진다.

그러나 드론 기술을 군사용으로 활용하는 것은 심각한 윤리 문제를 일으킨다. '인간의 개입 없이 살상을 결정하는 기계'라는 점에서 드론은 전쟁을 컴퓨터 게임으로 보이게 하고, 생명을 경시하는 풍조를 조장할 위험이 있다. 드론 공격으로 민간인 희생 가능성 또한 논란의 대상이다. 2015년 아프가니스탄에서 결혼식장을 오폭해 수십 명의 민간인이 희생된 사건은 드론 타격의 정확성과 윤리성을 의심케 하는 대표 사례이다.

드론 기술은 본질적으로 가치중립적이다. 드론은 단지 도구일 뿐이며 선하거나 악하지 않다. 중요한 것은 드론을 어떤 목적으로, 어떻게 사용하는가이다. 우리는 드론 기술을 군사적으로 활용하는 것에 대해 끊임없이 질문을 던져야 한다. '드론이 전쟁의 문턱을 낮추는 것은 아닐까?', '인간의 생명을 앗아가는 결정을 기계에게 맡겨도 될까?'와 같은 질문은 드론 기술의 윤리적 문제를 깊이 고민하게 만든다.

역사적으로 기술 발전은 풍요로움과 편리함을 가져다준 동시에 파괴와 희생을 초래했다. 핵무기와 다이너마이트가 그랬다. 드론도 마찬가지이다. 드론 기술이 인류 발전에 기여하는 도구가 될지, 파괴하는 도구가 될지는 우리 선택에 달려 있다. 우리는 드론 기술의 잠재력과 위험성을 동시에 인지하면서 그 활용에 대한 깊이 있는 성찰과 사회적 합의를 이루어내야 한다.

"기술은 양날의 검과 같다. 그것은 우리를 구원할 수도, 파괴할 수도 있다." 이 말을 잊어서는 안 된다.

🌐 가치 속 환경

상업용 드론 배송의 등장과 성공

드론으로 물품을 배송 중인 DHL
(출처: 브런치스토리, 'DHL, 이항과 협력해 중국에서 드론 배송 시작')

드론으로 무엇을 배송받고 싶은지 떠올려보자. 따끈따끈한 피자? 생일 선물? 2013년, 세계적인 물류 기업 DHL은 드론 배송 역사에 새로운 이정표를 세웠다.

DHL이 운영하는 파셀콥터Parcelcopter는 독일 북부 항구에서 12km 떨어진 북해의 위스트섬에 의약품을 성공적으로 배송했고, 이는 세계 최초의 상업용 드론 배송으로 기네스북에 올랐다. DHL은 단순히 택배를 빠르게 배송하는 기업이 아니라 '생명을 살리는 기업'이라는 이미지를 전달하고 싶었다. 이 드론 배송은 의약품이라는 상징적 물품을 통해 드론 기술의 가치를 증명하려는 시도였다. 기술 진보에만 초점을 맞춘 것이 아니라 드론이 생명을 지키고 삶에 긍정적인 변화를 가져올 수 있음을 보여준 사례였다. 이후 아마존, 구글 등 여러 기업이 드론 배송 시장에 뛰어들면서 기술은 빠르게 발전했다.

드론 배송은 이제 더 무거운 물품을 더 멀리, 더 안전하게 배송할 수 있는 수준에 이르렀다. 인공지능과 자율비행 기술의 접목으로 효율성과 안전성 또한 강화되고 있다.

DHL의 드론 배송은 기술의 진정한 가치는 인간의 삶을 이롭게 하는 데 있다는 것을 명확히 보여준다.

좋은 놈, 나쁜 놈, 이상한 놈

"누가 좋고, 나쁘고, 이상한지 절대 확신하지 마라. 한 장의 지도. 세 명의 악당. 이긴 놈이 전부 갖는다." 이 문구는 영화 〈좋은 놈, 나쁜 놈, 이상한 놈〉 포스터에 적힌 문구이다. 지금부터 드론과 위성을 이용한 인터넷 연결 경쟁에서 이 '세 놈'을 소개해 보려 한다.

드론과 인터넷 연결에 대한 치열한 경쟁에서 우리의 '좋은 놈'은 구글의 프로젝트 룬Project Loon, '나쁜 놈'은 페이스북의 아퀼라 프로젝트Aquila Project, 그리고 '이상한 놈'은 스페이스X의 스타링크Starlink이다. 세 프로젝트는 각각 자신만의 색깔로 세상을 연결하려는 야심 찬 계획을 추진했다. 과연 최종 승자는 누구일까?

구글의 프로젝트 룬은 거대한 하얀 풍선을 성층권에 띄워 지상에서 인터넷 서비스를 제공하는 것이 목표였다. 이 풍선들은 태양 전지를 통해 에너지를 공급받으면서 인터넷 연결이 어려운 지역에 서비스를 제공하는 데 성공하기도 했다. 그러나 날씨에 좌우되는 불안정성과 운영의 어려움은 큰 걸림돌이었다. 여러 번 시험 비행 끝에 프로젝트는 종착점을 맞았다. 구글은 이 경험을 통해 많은 것을 배웠지만 혁신적인 연결에는 한계를 보였다.

페이스북의 아퀼라 프로젝트는 보잉 737 크기의 날개를 가진 태양광 드론을 이용해 인터넷을 보급하려 했다. 드론이 하늘에서 레이저로 신호를 전송하며 광범위한 지역에 인터넷을 보급할 계획이었다. 그러나 기술적 어려움과 높은 운영 비용으로 프로젝트는 중단되었다. 아퀼라는 도전적이고 대담한 프로젝트였지만 현실의 벽을 넘지 못했다.

그리고 등장한 '이상한 놈' 스페이스X의 스타링크는 550km 고도에 수천 개의 소형 인공위성을 띄워 전 세계 어디서나 고속 인터넷을 제공하려는 프로젝트이다. 스타링크는 지상 통신망의 한계를 뛰어넘어 재난 상황에서도 신속히 인터넷을 제공하며 큰 성과를 냈다. 우크라이나 전쟁에서 스타링크의 빠른 대응은 주민들에게는 물론이고 군사 작전에도 큰 도움을 주었다.

스타링크는 인터넷 연결을 넘어 농업, 교육, 의료 등 다양한 분야에서 활용되면서 정보 접근의 민주화를 촉진하고 있다. 한 농부는 스타링크를 통해 농업 생산성을 획기적으로 높이기도 했다.

좋은 놈, 나쁜 놈, 이상한 놈이 벌인 이 경쟁의 최종 승자는 누구일까? 스타링크이다. 구글과 페이스북이 드론과 풍선으로 하늘을 날았다면 스페이스X는 하늘 너머 우주를 선택했다. 스타링크는 더 넓은 범위를 포괄하면서 안정성을 제공하며 경쟁자들을 압도했다. 물론 위성 대량 발사에 따른 우주 쓰레기 문제와 천문 관측 방해 등 해결해야 할 과제가 있지만, 스타링크가 통신의 새로운 시대를 열고 있다는 건 부인할 수 없는 사실이다.

드론과 위성 경쟁에서 이긴 놈은 우주에서 지구를 바라보며 모든 것을 연결하는 '이상한 놈'이었다.

☑ 탐구하기
드론에 적용된 기술 이야기

1983년 9월 1일, 대한항공 007편(KAL 007)은 뉴욕 존 F. 케네디 국제공항에서 출발해 알래스카 앵커리지를 경유, 서울 김포국제공항으로 향하던 중 비극적인 사건에 휘말렸다. 항로를 벗어난 이 항공기는 소련 영공에 진입했고, 미국 정찰기로 오인되어 소련 공군에 격추되었다. 이로 인해 탑승자 269명 전원이 목숨을 잃는 참사가 발생했다.

사건의 주요 원인은 조종사의 항로 이탈이었다. 항공기의 관성항법장치가 제대로 작동하지 않았으나, 조종사들이 이를 인지하지 못한 채 비행을 지속한 것이다. 항공기가 계획된 항로에서 점차 벗어나 소련 영공에 진입하자, 소련은 이를 미국의 군사 위협으로 간주했다. 소련 공군은 경고 사격과 여러 신호를 보냈으나 항공기 측에서 적절한 대응이 없자 격추 결정을 내렸다.

이 참사는 전 세계에 충격을 주었으며, 냉전 시대의 군사적 긴장과 오해가 얼마나 큰 비극을 초래할 수 있는지 보여주는 대표 사례로 남게 되었다.

이 사건은 항공 안전과 국제 항공 규정에 큰 영향을 미쳤다. 민간 항공기의 항로 이탈 방지를 위한 규정이 강화되었고, 조종사의 항법 장비 사용 교육이 개선되었다. 항공기 항법 장비의 정확성을 높이기 위한 기술 발전도 촉진되었다. 특히 GPSGlobal Positioning System의 민간 도입이 이 사건 이후 본격적으로 이루어졌다. 미국 정부는 민간 항공기의 안전성을 높이기 위해 GPS의 민간 사용을 허용했으며, 이후 GPS는 항공뿐만 아니라 다양한 민간 분야에서 활용되기 시작했다.

GPS는 위성에서 신호를 수신해 사용자의 현재 위치를 계산하는 기술로, 원래는 군사용으로 개발되었지만 KAL 007 사건을 계기로 민간에도 널리 보급되었다. 이 기술은 항공기의 항법 정확성을 높이고 안전성을 비약적으로 개선하는 데 기여했다. 이러한 변화는 항공 산업뿐만 아니라 현대 사회의 여러 분야에서 GPS가 필수 기술로 자리 잡는 계기가 되었다.

☑️ 질문하기

질문 1. 위성으로 위치를 어떻게 파악할까?

📝 핵심 정리

GNSS Global Navigation Satellite System는 특정 대상의 위치를 정확하게 측정하기 위해 설계된 위성 측위 시스템이다. GNSS는 수십 개 위성을 통해 전 세계 어디에서나 위치와 시간 정보를 제공하며, 수신기가 저렴하고 오차가 적어 다양한 응용 분야에서 활용되고 있다.

GNSS는 1973년 미국에서 군사용 목적으로 개발된 GPS에서 출발했다. 이후 각국은 독자적인 위성 항법 시스템을 구축했다. 러시아의 글로나스 GLONASS, 유럽의 갈릴레오 Galileo, 중국의 베이더우 BeiDou가 대표적이며, 일본의 준천정 QZSS과 인도의 나빅 NavIC은 지역 위성 항법 시스템을 운영 중이다. 이 기술은 군사 목적에서 시작되었으나, 현재는 항공, 해양, 농업 등 민간 분야에서 널리 사용되고 있다. GNSS는 교통, 물류, 재난 대응 등 다양한 영역에서 효율성과 안전성을 높이는 데 기여한다.

질문 2. 왜 드론이라는 이름이 붙여진 걸까?

> ▤▷ **핵심 정리**
>
> 드론은 조종사가 탑승하지 않고 무선 전파와 유도 시스템을 통해 비행하는 항공
> 기를 의미한다. 사전적으로는 벌의 윙윙거리는 소리를 뜻하며, UAV Unmanned
> Aerial Vehicle로도 불린다. 처음에는 군사 목적을 위해 개발되어 정찰, 감시, 폭격
> 임무 등을 수행했지만, 현재는 영상 촬영, 농업, 물류 운송 등 다양한 민간 용도
> 로 확대되고 있다.
>
> 드론은 어떤 과정을 통해 탄생했을까? 최초의 무인 항공기는 제1차 세계대전 이
> 후 군사용으로 개발되었다. 1916년, 미국의 군인 출신 과학자 아치볼드 로 Archibald
> Low는 최초의 무인 항공기인 '에어리얼 타겟 Aerial Target'을 개발하여 대공 사격
> 훈련에 활용했다. 이후 1930년대 영국에서 '퀸비 Queen Bee'라는 무인 항공기가 개
> 발되었고, 여기서 드론이라는 이름이 유래했다.
>
> 드론은 영어 단어로 숫벌 Drone을 의미한다. 이 명칭은 벌이 내는 윙윙거리는 소
> 리를 연상시키며, '여왕벌을 보좌한다'는 의미도 담고 있어 영국의 역사적 배경과
> 연관이 깊다.

기술 발전과 함께 드론의 의미와 활용 영역도 끊임없이 변화하고 있다. 단순히 벌의 소리를 닮은 무인 항공기로 시작된 드론은 이제 혁신의 상징으로 자리 잡았다. 드론은 하늘을 무대로 삼아 새로운 예술 공연의 가능성을 제시하기도 하고, 재난 지역에서 구조 작업을 돕는가 하면, 농작물 상태를 점검하는 등 다양한 분야에서 활용되고 있다.

드론은 단순한 기계를 넘어 기술과 창의성이 결합된 대표 사례로 우리 일상을 변화시키는 중요한 도구로 자리 잡고 있다.

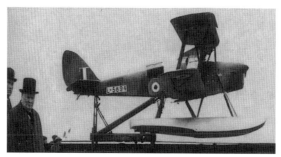

처칠 총리와 퀸비
(출처: 위키백과)

질문 3. 드론을 안정적으로 비행하게 만드는 육감은 무엇일까?

🖊 핵심 정리

사람이 육감을 통해 세상을 인식하고 균형을 유지하듯, 드론도 여섯 가지 센서를 통해 안정적으로 하늘을 난다. 이는 현대 사회에서 다양한 요소가 협력하고 균형을 이루며 하나의 시스템을 구성하는 것과 유사하다. 이 여섯 가지 핵심 센서가 어떤 역할을 하는지 살펴보자.

- **지자기 센서Magnetometer : 드론의 나침반**
  드론이 어느 방향을 향하고 있는지 파악하는 역할을 한다. 마치 나침반처럼 지구의 자기장을 감지하여 방향을 유지하도록 돕는다. 촬영 중 특정 방향을 유지해야 할 때 필수적인 센서이다.

- **가속도 센서Accelerometer : 드론의 균형 감각**
  드론의 움직임과 기울기를 감지하여 자세를 안정화한다. 바람에 의해 기울어질 때 이를 감지하고 모터 출력을 조절해 드론이 수평을 유지하도록 한다. 이는 사람이 균형을 잡는 과정과 유사하다.

- **자이로 센서Gyroscope : 드론의 회전 감각**
  드론의 회전 속도를 측정한다. 드론이 부드럽게 회전하거나 각도를 전환할 때 이 센서가 회전 운동을 정밀하게 제어한다.

- **비전 센서Vision Sensor : 드론의 눈**
  주변 환경을 인식하고 장애물을 피하거나 특정 지점을 인식하는 데 사용된다. 바닥 패턴의 움직임을 감지하여 위치를 안정적으로 유지하거나 장애물을 회피하는 기능이 있다.

- **기압계Barometer : 드론의 고도 감각**
  대기 압력을 감지해 드론이 얼마나 높은 고도에 있는지 파악한다. 이를 통해 드론은 일정한 고도를 유지하거나 상승, 하강할 수 있다. 촬영 시 일정한 고도를 유지하는 데 유용하다.

- **GPS Global Positioning System : 드론의 위치 감각**
  드론의 위치를 정확히 파악하고 경로를 추적하는 데 필수적이다. 여러 위성에서 신호를 받아 자율 비행을 하거나 특정 위치로 이동할 수 있게 한다.

드론이 하늘에서 안정된 비행을 할 수 있도록 이러한 센서들의 신호를 종합적으로 판단하는 장치의 핵심은 바로 IMU Inertial Measurement Unit(관성 측정 장치)이다. IMU는 드론의 균형을 잡아주는 역할을 하며, 사람의 균형 감각 기관인 반고리관과 비슷한 역할을 한다. 드론이 부드럽고 예측 가능한 비행을 할 수 있는 것은 이 IMU 덕분이다.

☑ 행동하기
지구를 살리는 드론, 상상하는 것은 모두 이루어진다

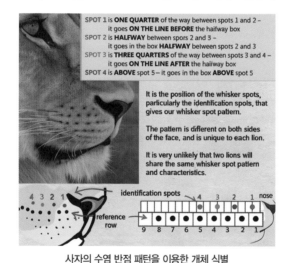

사자의 수염 반점 패턴을 이용한 개체 식별
(출처: DJI Enterprise 홈페이지, 'Conservation Drones are Helping Environmentalists Make Huge Strides in Wildlife Mapping')

사자의 얼굴에는 고유한 수염 반점이 양쪽에 나타나는데, 이를 통해 개체를 식별할 수 있다. 첫 번째 반점은 기준점에서 첫 번째와 두 번째 반점 사이의 4분의 1 지점에 위치하며, 두 번째 반점은 첫 번째와 세 번째 반점 사이의 중간 지점에 위치한다. 이렇게 반점의 위치를 정밀하게 기록하면 개체별로 사자를 구분하는 데 매우 유용하다. 두 마리 사자가 동일한 수염 패턴을 가질 확률은 거의 없기 때문에 이 방법은 사자 개체를 식별하는 데 매우 효과적이다.

드론을 이용한 사자 조사 방법은 기존의 유전자 검사와 달리 사자를 직접 잡거나 사자 몸에 손을 대지 않고도 조사가 가능하다는 큰 장점이 있다. 이 방식은 빠르고, 비용면에서 효율적이며, 넓은 지역을 빠르게 탐색할 수 있어 사람이 접근하기 어려운 지역에서도 데이터를 수집할 수 있다. 특히 드론의 고해상도 카메라와 GPS 기술을 활용하면 사자의 서식지와 이동 경로를 추적하는 데에도 유용하다.

멸종 위기의 사자를 지키는 드론

사자는 초원과 관목지대의 주요 포식자로 생태계의 균형을 유지하는 중요한 역할을 한다. 먹이 사슬의 최상위에 있는 사자는 초식동물의 개체 수를 조절하며, 그들의 서식지가 건강한 상태로 유지되도록 돕는다. 그러나 현재 아프리카에 남아 있는 야생 사자의 수는 약 2만 마리뿐이며, 국제자연보전연맹IUCN에 의해 취약종으로 지정된 상태이다. 서식지 파괴와 밀렵으로 사자의 생존이 심각하게 위협받고 있는 것이다. 연구자들은 이러한 상황이 지속된다면 2050년까지 사자가 멸종할 수도 있다고 경고하고 있다.

이러한 위기 속에서 사자 개체 수를 정확히 파악하는 일은 매우 중요한 과제로 떠오르고 있다. 기존에는 발자국 조사, 소리 유인 조사,

또는 전문가의 추정에 의존했으나, 이러한 방법은 정확도가 낮고 지속적으로 개체를 추적하는 데 한계가 있었다. 이를 해결하기 위해 도입된 새로운 접근법이 바로 사자의 수염 반점 패턴을 이용한 개체 식별 방법이다.

사자의 수염 반점은 사람의 지문처럼 개체마다 고유한 패턴을 가지고 있다. 수염 반점의 배열과 위치를 분석하면 개체를 정확히 식별할 수 있다. 이 방법은 특히 드론 기술과 결합했을 때 그 효과가 배가된다. 드론은 사자와 직접 접촉하지 않고도 멀리서 고해상도 사진을 촬영할 수 있어 기존 방식보다 훨씬 안전하고 효율적이다. 또한 드론은 넓은 지역을 신속하게 탐사할 수 있어 사람이 접근하기 어려운 지역에서도 데이터를 수집할 수 있다.

사자의 수염 반점 패턴을 이용한 개체 식별은 첨단 기술이 생물 보존에 실질적으로 기여할 수 있는 좋은 사례이다. 앞으로 우리는 자연을 보존하고 멸종 위기에 처한 동물을 지키기 위한 더 많은 방법을 모색해야 한다. 기술과 자연의 만남은 환경 보존의 새로운 가능성을 보여준다. 기술은 때로 잠자는 사자의 코털을 건드릴 만큼 대담하지만, 이는 자연을 보호하기 위한 중요한 걸음이 될 수 있다.

북극곰을 지키는 얼음 위의 파수꾼

기후위기를 떠올릴 때 많은 사람들이 얼음 위에 위태롭게 서 있는 북극곰의 이미지를 가장 먼저 떠올릴 것이다. 작고 불안정한 얼음 조각 위에 홀로 서 있는 북극곰의 모습은 기후위기의 심각성을 알리는 상징적인 이미지이다. 이러한 북극곰의 이미지는 감정적인 호소를 넘어선 의미를 지닌다. 북극곰은 북극 해양 생태계의 최상위 포식자로 생태계의 건강 정도를 나타내는 중요한 지표종이다. 북극곰이 건강하다는 것은 북극 생태계가 안정적이라는 뜻이다.

현재 북극곰의 개체 수는 2만 2,000~3만 1,000마리로 추정되는데, 이 숫자는 빠르게 줄어들고 있다. 기후변화가 북극곰의 생존에 직접적인 영향을 미치고 있는 것이다. 특히 북금곰이 번식하고 생존하는 데 중요한 굴짓기 시기의 연구가 절실하다. 임신한 암컷 북극곰은 눈 속에 굴을 만들어 새끼를 보호하며 키우는데, 이러한 굴은 눈에 잘 보이지 않아 탐지하기가 매우 어렵다.

과거에는 헬리콥터를 이용해 북극곰의 굴을 찾는 조사가 이루어졌다. 하지만 이 방법은 여러 한계를 가지고 있었다. 첫째, 헬리콥터 조사는 비용이 매우 많이 들고 둘째, 하얗게 덮인 북극 환경에서 굴 입구를 발견하는 것은 거의 불가능에 가까우며 셋째, 북극 산맥의 험준한 지형은 헬리콥터 접근을 더욱 어렵게 만든다는 점이다.

최근 연구자들은 드론과 열화상 카메라를 활용하여 북극곰의 굴을 탐지하고 개체를 관찰하는 혁신적인 방법을 개발했다. 드론은 헬리콥터와 비교해 비용이 저렴하고 환경에 미치는 영향이 적으며, 북극곰에게 스트레스를 거의 주지 않는 장점이 있다. 특히 북극곰의 굴은 주변 온도보다 약 10~15℃ 더 따뜻하기 때문에 열화상 카메라를 이용하면 훨씬 쉽게 탐지할 수 있다.

드론 기술 도입은 연구자들이 더 적은 비용으로 더 많은 데이터를 수집할 수 있도록 도왔으며, 북극곰뿐만 아니라 다른 멸종 위기 동물들을 조사하고 보존하는 데에도 적용될 수 있는 가능성을 열었다. 이러한 기술 진보는 기후위기 속에서 인간과 자연이 어떻게 공존할 수 있을지에 대한 새로운 가능성을 보여준다.

얼음 위의 파수꾼 역할을 하는 드론은 북극곰의 생존을 지키는 중요한 도구가 되었다. 우리는 이 혁신적인 기술을 통해 북극곰을 보호하고, 기후위기 속에서도 자연과 조화롭게 공존할 방법을 지속적으로 모색해야 한다.

바다 건강을 진단하는 드론

고래가 '코풀기'로 지구를 지킨다면 많은 사람들이 무슨 소리냐며 어리둥절해 할 것이다. 고래가 수면 위로 올라와 숨을 내쉬는 코풀기 행위를 '블로Blow'라고 하는데, '스놋봇SnotBot'이라는 드론이 그 순간 고래 숨결을 포착해 그 안에 담긴 생태 데이터를 분석하여 바다의 건강 상태를 측정함으로써 환경 연구에 기여하고 있다.

고래는 단지 해양 포유류가 아니다. 이들은 생전에 해양 생태계를 조절하고 죽은 뒤에는 거대한 사체로 심해 생물들에게 영양분을 공급한다. 고래는 탄소와 질소, 철과 같은 환경 자원 순환에도 기여하며, 바다의 건강과 균형을 유지하는 데 핵심적인 역할을 한다. 그야

말로 살아 있는 바다의 설계자라 할 수 있다.

과거 고래 연구는 비윤리적이고 비효율적인 방식으로 이루어졌다. 생물학적 데이터를 얻기 위해 고래를 포획하거나, 심지어 죽이기까지 했다. 그러나 이러한 방식은 고래 보호와는 거리가 멀었고 비용 위험도 컸다.

하지만 오늘날 스놋봇이라는 드론이 이런 문제를 해결했다. 오션 얼라이언스Ocean Alliance에서 개발한 스놋봇은 고래 분비물을 수집하여 건강 상태와 번식 가능성을 분석할 수 있도록 돕는다. 고래가 내뿜는 코 분비물에는 DNA, 미생물, 스트레스 호르몬, 바이러스 등이 포함되어 있어서 생물학적 연구에 유용한 데이터를 제공한다. 특히 스놋봇은 고래와 직접 접촉하지 않고도 데이터를 수집하므로 고래에게 스트레스를 주지 않는다는 큰 장점이 있다.

또 다른 고래 연구 방법인 태깅tagging은 고래의 이동 경로, 사냥 패턴, 사회적 상호작용 등을 이해하는 데 필수적이다. 전통적인 태깅 방식은 위험하고 시간 소모가 컸으며, 과학자들이 선박을 타고 고래를 추적해 흡착컵으로 태그를 부착해야 했다.

2022년 오션 얼라이언스는 드론을 이용해 태깅 기술을 한 단계 끌어올렸다. 드론은 고래와 직접 접촉하지 않고 태그를 부착하여 더 안전하고 효율적인 연구를 가능하게 했다. 드론을 통한 태깅은 고래에게 최소한의 스트레스를 주면서도 데이터를 수집할 수 있어 혁신적인 연구 방법으로 평가받고 있다.

고래가 코풀기를 할 때 스놋봇이 채수하는 장면
(출처: DJI Enterprise 홈페이지, 'Conservation Drones are Helping Environmentalists
Make Huge Strides in Wildlife Mapping')

드론 기술은 단순한 혁신을 넘어 해양 생태계를 이해하고 보존하
는 데 중요한 역할을 하고 있다. 고래 숨결에서 얻은 데이터는 단지
고래의 건강 상태만 확인하는 것이 아니라 바다 생태계 전반의 균형
을 파악하는 데 사용된다. 스놋봇과 드론 태깅은 인간과 자연이 어
떻게 공존할 수 있으며, 기술을 통해 환경문제를 어떻게 해결할 수
있는지 보여주는 강력한 사례이다.

고래는 단순한 연구 대상이 아니라 우리가 보호해야 할 중요한 파
트너임을 잊지 말아야 한다. 드론 기술과 함께라면 우리는 그들의
숨결 속에서 바다의 미래를 읽어낼 수 있을 것이다.

해양 쓰레기도 드론에 맡겨!

인천 앞바다에 떠 있는 해양 쓰레기도 드론이 책임지고 있다. 인천
시는 옹진군과 함께 해양 쓰레기 문제를 해결하기 위해 첨단 '스마트

해양환경 관리 시스템'을 도입하고 있다. 이 시스템에는 드론, 위성, 그리고 소나(음파 탐지기)가 활용되는데, 드론과 위성은 바다 표면과 해안가 쓰레기를 모니터링하고, 소나는 해저의 침적 쓰레기를 탐지한다. 이처럼 바다의 쓰레기를 치우기 위해서는 현대의 도구들이 반드시 필요하다.

이 시스템은 인공지능을 활용해 수집된 데이터를 분석하고 가장 좋은 수거 경로를 제시한다. 이를 통해 쓰레기 수거선은 연료를 절약하며 최단 거리로 이동할 수 있고, 효율적인 수거 작업으로 탄소 배출도 줄일 수 있다. 이러한 기술적 접근은 인천 앞바다를 깨끗하게 만드는 데 중요한 전환점이 되고 있다.

2023년부터 자월도를 대상으로 스마트 해양환경 관리 시스템이 적용되었는데 그 효과는 뚜렷하다. 위성과 드론, 소나의 협업으로 우리는 바다를 더 잘 이해하고 보호할 수 있게 되었다. 자월도 연안에서는 이 첨단 기술로 가상의 해양 쓰레기 모듈을 탐지하면서 시스템 성능을 지속적으로 개선하고 있다. 이러한 노력은 자월도를 청정 섬으로 탈바꿈시키는 기반이 되고 있다.

기술은 변했지만 여전히 필요한 것은 문제를 해결할 도구와 이를 사용하려는 우리들의 의지이다. 인천 앞바다를 청정하게 만들기 위한 이러한 노력은 기술과 자연이 조화를 이루며 우리 삶을 더 나은 방향으로 이끌어가는 좋은 예시이다.

사막을 푸르게 만드는 씨앗 드론

기후변화, 탄소중립, 미세먼지 등 환경문제를 해결하기 위해서는 나무 심기가 가장 손쉬우면서도 핵심적인 방법이다. 그런데 이제 그 역할을 기술이 대신하고 있다.

기술로 나무를 심는다니 말도 안 된다고 생각할 수 있지만, 두바이의 스타트업 카푸Cafu는 이를 현실로 만들고 있다. 카푸는 연료 배달 서비스 기업으로 탄소 발자국을 줄이기 위해 가프 나무 씨앗을 사막에 심는 드론 프로젝트를 시작했다. 가프 나무는 극한의 사막 환경에서도 잘 자라는 아랍에미리트의 토착 식물로 사막 생태계에서 중요한 역할을 한다. 카푸는 100만 개의 가프 나무 씨앗을 심겠다는 목표를 세우고 드론 기술을 적극 활용하고 있다.

카푸의 드론은 씨앗을 영양분이 포함된 흙 공seed ball 형태로 만들어 발아율을 높이고, 이를 압축가스로 땅속 1cm 이상 깊이로 발사한다. 또한 GPS를 활용해 씨앗 위치를 정확히 기록한다. 드론 한 대는 한번 비행에 약 400개의 씨앗을 20~30분 만에 심을 수 있다. 카푸는 드론의 자동화와 효율성을 극대화하기 위해 드론이 스스로 경로를 설정하고 여러 대가 동시에 작업할 수 있는 군집 기술을 개발 중이다. 앞으로 가프 나무 외에도 다양한 지역과 식물 종으로 기술을 확장할 계획이다.

카푸의 프로젝트는 허가와 기술적 문제를 해결한 뒤 2019년에 처음으로 4,000개 씨앗을 심었고, 이후 2023년까지 1만 개를 추가로

심으며 지속적으로 발전하고 있다.

카푸의 프로젝트는 탄소중립 실현과 사막 생태계 복원을 위한 중요한 시도이다. 드론의 자동화와 군집 비행 기술은 이 기술이 전 세계적으로 확장될 수 있는 열쇠가 된다. 아마존 열대우림, 호주의 산불 피해 지역 등에서도 활용될 날이 멀지 않았다.

'사막에 나무를 심자'라는 단순한 아이디어는 이제 기술 발전과 자연 보존을 통해 현실이 되고 있다. 그 결과 우리는 더 푸르고 지속 가능한 미래를 향해 한 걸음 나아가고 있다.

카푸의 씨앗 드론

(출처: 《WIRED》 홈페이지, 'This Dubai startup is piloting seed-spitting drones to turn the desert green')

🌐 기업 속 환경

드론으로 지구의 미래를 심다

오늘날 기업들은 환경문제를 해결하기 위해 창의적이고 기술 중심적인 접근 방식을 채택하고 있다. 이제 이들은 이윤 추구를 넘어 기술을 활용해 지구를 되살리기 위해 노력하고 있다. 기술이 지구의 미래를 심는 씨앗이 되고 있는 이 변화에 주목하자.

> • **미국의 숲을 되살리는 드론 군단: 드론시드DroneSeed**
> 미국 서부 숲이 산불로 소실된 후 검게 탄 땅이 남았다. 이를 다시 푸르게 만들기 위해 등장한 스타트업이 드론시드이다. 이 회사는 미국 최초로 대형 드론 여러 대를 동시에 운용할 수 있는 허가를 받았다. 이들은 LiDAR(레이저 탐지 및 거리 측정)과 멀티스펙트럼 카메라를 사용해 소실된 지역을 정밀하게 매핑한다. 드론시드의 드론은 씨앗을 뿌리고 잡초를 제거하며 환경을 재건하는 작업을 수행한다. 약 25kg 이상의 화물을 운반할 수 있는 강력한 이 드론은 숲을 되살리기 위한 중요한 도구로 자리매김하고 있다.
>
> • **미얀마의 맹그로브 숲 복원: 바이오카본 엔지니어링Biocarbon Engineering**
> 바이오카본 엔지니어링이라는 영국 스타트업은 사라져가는 맹그로브 숲을 되살리는 임무를 맡았다. 미얀마 해안 지역에서 드론으로 맹그로브 나무를 심는 실험을 성공적으로 진행한 이들은 호주, 남아프리카, 모로코에서도 재조림 프로젝트를 이어가고 있다.
> 바이오카본 엔지니어링은 드론의 지오태깅geo-tagging 기술을 활용해 나무가 심어진 위치를 정확히 기록하고, 재조림 결과를 추적할 수 있게 했다. 이는 기술이 작업 효율성을 넘어 환경 회복에 실질적으로 기여할 수 있음을 보여준다.

사라진 꿀벌, 드론의 양면성

꿀벌이 사라지고 있다. 2022년 초 꿀벌의 대량 실종이 약 16%, 즉 78억 마리에 달하면서 큰 사회적 이슈로 떠올랐다. 우리나라 꿀벌은 현재 굶주림에 시달리고 있다. 꿀벌이 꿀과 꽃가루를 얻기 위해 필요한 '밀원수'의 수가 급감하면서 필수 영양분을 제대로 공급받지 못하고 있는 것이다. 대표적인 밀원수인 아까시나무의 개화 시기가 짧아 꿀벌들은 설탕으로 연명하지만, 설탕은 탄수화물과 단백질이 부족해 꿀벌들의 면역력을 약화시키고 생존 경쟁을 가중시킨다.

기후위기 또한 꿀벌 생존을 위협하고 있다. 기후변화로 벌과 식물의 생장 주기가 어긋나면서 문제가 생긴 것이다. 한반도 온도 상승으로 꿀벌이 꿀을 채취할 때 이미 꽃이 지거나 여왕벌이 알을 늦겨울에 낳는 등 문제가 생기면서 생태계가 혼란에 빠지고 있다. 또한 기후변화가 꿀벌 기생충인 응애의 활동을 촉진해 꿀벌의 면역력을 약화시키고 바이러스 전파를 증가시키고 있다. 특히 남부 지방의 장기 가뭄은 응애 밀도를 높여 꿀벌에 큰 피해를 준다.

드론은 어떨까? 드론은 분명 농업 혁신을 가져왔지만 꿀벌에게는 위협적인 존재가 되고 있다. 농가에서 드론을 사용해 농약을 살포하면 농약 밀도가 높아져 꿀벌이 농약에 중독될 위험이 크다. 오염된 꽃가루나 꿀을 섭취한 꿀벌은 비행 능력을 잃거나 기억력이 손상돼 벌집으로 돌아오지 못한다. 또한 드론이 뿜어내는 소음이 꿀벌을 유인하여 꿀벌이 프로펠러에 걸려 목숨을 잃기도 한다.

꿀벌은 밀원수의 꽃가루를 옮기며 식물 번식을 돕는 생태계의 중요한 중매자이다. 꿀벌이 사라지면 약 555종의 식물이 번식하지 못하고, 이는 먹이사슬 균형을 무너뜨린다. '벌이 사라지면 인류도 4년 내 멸종할 것'이라는 말은 과장이 아니다. 꿀벌 보호는 생태계 보전과 인류의 생존 문제로 직결된다.

이를 대체하기 위해 네덜란드 델프트공대 연구진은 꿀벌을 모방한 무인 항공기 델플라이DelFly를 개발 중이다. 이 로봇은 온실에서 식물

죽은 꿀벌의 사체가 가득 묻은 드론 표면

의 수분을 돕기 위해 설계되었으며, 실제 꿀벌처럼 날갯짓하며 이동한다. 그러나 수많은 꽃을 수분하려면 엄청난 수의 로봇이 필요하고, 비용 면에서 실용적이지 않다. 살충제를 적게 사용하는 근본적인 해결책이 훨씬 효과적이라는 것이 전문가들의 의견이다.

꿀벌 문제를 해결하려면 전국적으로 충분한 밀원수를 확보하고 농약 사용을 엄격히 관리해야 한다. 꿀벌은 생태계의 중요한 일원으로 인정받아야 하며, 다양한 부처와 협력하여 꿀벌 보호 대책을 마련해야 한다.

기술은 자연을 위협하는 요소이기도 하지만, 자연 보존을 위한 도구로도 활용할 수 있다. 꿀벌 생태계의 균형을 회복하고 인류 생존을 위한 중요한 발걸음을 내딛기 위해 우리의 관심과 노력이 절실하다.

과거의 꿈, 오늘의 기술

1960년대와 1970년대의 히피를 떠올리면 청바지, 록 페스티벌, 마약, 반전 시위가 떠오른다. 하지만 그 시대의 진정한 히피 정신은 인간 평등과 수평적 사회였다. 그들은 위계와 권력의 구조를 넘어 서로를 이해하고 사랑하는 평화로운 세상을 꿈꾸었다. 이러한 꿈을 실현하기 위한 혁명이 테크놀로지를 통해 시작되었다. 히피 정신을 테크놀로지로 실현하고자 한 일련의 혁명가들, 즉 테크이상주의자들은 기술이 생활을 편리하게 하는 도구를 넘어 모든 사람을 연결하고 서로 돕는 힘이 되길 바랐다. 이러한 신념의 중심에 자리한 상징이 바로 《더 홀 어스 카탈로그The Whole Earth Catalog》였다.

1968년에 창간된 《더 홀 어스 카탈로그》는 단순한 잡지가 아니라 독립적으로 살아가는 방법과 도전할 수 있는 다양한 도구를 제공하는 일종의 '혁명 도구의 백과사전'이었다. 이 잡지는 벽돌 크기의 휴대전화나 다국어 번역기 같은 상상 속 물건을 제시했고, 컴퓨터가 책상 위에 놓였을 때의 미래를 예견했다. 1960~1970년대 캘리포니아 젊은이들은 이 잡지를 탐독하며 실리콘밸리의 테크 기업을 일구었다. 구글, 애플, 트위터 같은 기업은 '모두가 연결되고 공유하며 서로를 돕는' 세상을 상상했던 그들의 아이디어가 빚어낸 결실이었다.

잡지의 마지막 호에는 'Stay Hungry, Stay Foolish'(끝없이 갈망하고, 언제나 우직하라)라는 문구가 실려 있었다. 이 문구는 스티브 잡스Steven Jobs가 2005년 스탠포드 대학 졸업식 연설에서 인용하며 전

《The Whole Earth Catalog》의 마지막 호
(출처: Whole Earth Index, 'Whole Earth Epilog, October 1974')

세계적으로 알려졌다. 잡스는 늘 새로운 것을 배우고 현실에 안주하지 말 것을 당부했다. 히피 시대의 핵심 가치인 끊임없이 도전하고 성장하려는 열망이 담겨 있는 이 문구는 기술 혁신의 원동력이 되었고, 기술이 편리함을 넘어 인류의 성장과 변화를 위한 중요한 도구임을 상기시켰다.

오늘날 우리는 또 다른 테크놀로지 혁명의 시대를 살아가고 있다. 드론, VR, 인공지능 같은 기술이 우리 삶 속에 스며들며 사회 변화를 주도하고 있다. 이는 1960~1970년대의 기술 혁명이 그 시대 사람들에게 다가왔던 것과 같은 방식이다. 당시 히피와 테크이상주의자들이 꿈꾸던 수평적이고 공유되는 세상은 오늘날 디지털 기술을 통해 다시 실현되고 있다.

지금 우리는 기술 발전을 통해 새로운 세상을 만들고 있다. 컴퓨터가 책상 위에 놓일 때를 상상했던 그때처럼 드론이 하늘을 나는 것, VR이 현실과 가상세계를 잇는 것, 인공지능이 우리의 삶을 돕는 것 모두 상상력의 산물이다.

히피의 이상은 단순한 공상이 아니었다. 그들은 컴퓨터가 가정마다 놓여 누구나 정보를 자유롭게 접하고 창조적인 아이디어를 실현하면서 자신의 한계를 넘어설 수 있기를 바랐다. 이러한 꿈은 오늘날 현실이 되었다. 테크놀로지는 사람들을 연결하고, 세상을 변화시키며, 더 나은 미래를 만들어가고 있다.

'Stay Hungry, Stay Foolish.' 이 단순한 문구는 여전히 도전하고 성장하며, 서로 돕는 사회를 만들라는 강력한 메시지를 전한다. 오늘날의 기술 민주주의가 가능했던 이유는 바로 그 혁명가들이 히피 정신을 기술 속에 심어놓았기 때문이다. 이제 우리는 과거의 기억을 바탕으로 현재와 미래의 길을 다시 모색해야 한다.

대체, 지구를 구할 방법은 있는 걸까?

▶▷▷▶▷▷

우린 늘 그랬듯이 답을 찾을 것이다

영화 〈인터스텔라〉의 한 장면
(출처: 나무위키)

인류는 수많은 문제와 위기를 극복하며 오늘에 이르렀다. 자원 고갈, 환경 파괴, 불평등한 분배와 과도한 소비, 이 모든 위기 앞에서 우리는 답을 찾아왔다. 때로는 혁신적인 과학 기술을 통해, 때로는 사회 연대와 새로운 방식의 삶을 통해 길을 헤쳐오고 있다.

물질과 자원, 에너지와 폐기물 문제는 더 이상 미래의 이야기가 아니다. 플라스틱 쓰레기는 산처럼 쌓이고, 패스트 패션은 노동문제를 일으킬 뿐 아니라 지구 환경을 무분별하게 잠식하고 있으며, 공공 자원은 상품으로 전락하고 있다.

이러한 현실 속에서 우리는 어떤 선택을 해야 할까? 우리의 선택은 지구 전체와 미래 세대에 영향을 미치는 중요한 결정이다. 지속 가능한 삶의 방식을 선택하고, 환경을 보전하며, 공존의 가치를 실현하기 위한 행동이 필요한 때이다.

☑ 이해하기
순순히 어둠을 거부하는 용기로부터

📄 **아포리즘**

> 순순히 어두운 밤을 받아들이지 마오. 노인들이여,
> 저무는 하루에 소리치고 저항해요.
> 분노하고, 분노해요. 사라져 가는 빛에 대해…
>
> — 딜런 토머스, 〈순순히 어두운 밤을 받아들이지 말라〉 중 일부

딜런 토머스Dylan Thomas의 시 〈순순히 어두운 밤을 받아들이지 말라 Do not go gentle into that good night〉는 시인이 죽음을 앞둔 자신의 아버지가 다시 일어나길 당부하며 쓴 작품이다. 영화 〈인터스텔라Interstellar〉에서 브랜드 박사가 읊는 이 시는, 모든 희망이 사라져가는 순간에도 좌절하지 않는 용기를 이야기한다. 영화 속에서 만 박사는 혼미한 정신 속에서도 쿠퍼에게 이렇게 말한다. "죽음을 앞두면 뭘 보게 될 것 같은가? 바로 자식들 얼굴이야. 자식들을 위해 더 악착같이 살려고 하겠지."

결국 쿠퍼는 자식들과 인류를 구하기 위해 끝까지 포기하지 않는다. 그 여정은 개인의 생존을 넘어 모두를 위한 희망의 불씨를 지켜내는 과정이다.

우리 앞에 놓인 문제는 결코 쉽지 않다. 하지만 과거에도 우리는 답을 찾았고, 이번에도 그럴 것이다. 태양광, 풍력, 수소 같은 신재생 에너지부터 일상 속 분리수거까지, 우리가 할 수 있는 모든 방법을 동원해 새로운 답을 만들어낼 것이다.

우리 모두는 하나의 거대한 우주선 지구호에 탑승한 승무원이다. 이 우주선을 지키기 위해 우리의 지혜와 용기가 필요하다. 답은 이미 우리 안에 있다. 이제 우리는 그 답을 찾아 실천으로 옮길 용기를 가져야 한다.

원소를 이용한 지속 가능한 미래 설계

물질은 공간을 차지하고 질량을 가지며, 다양한 자연 현상을 일으키는 실체로 우주 만물을 구성하는 기본 단위이다. 고대 그리스인들은 물, 불, 흙, 공기 4원소가 섞인 정도에 따라 물질의 특성이 결정된다고 보았다.

중세 시대에는 4원소를 잘 섞으면 금을 만들 수 있다고 믿는 연금술사들이 있었다. 이들은 모든 금속을 금으로 변환할 수 있는 전설 속의 물질 '현자의 돌'을 찾으려 했다. 현자의 돌은 금속 변환뿐만 아니라 영원한 생명을 상징하는 신비한 물질로 여겨졌다. 이 과정은 금속 변환을 넘어 철학적, 종교적 탐구와 연결되었으며 물질의 본질을 이해하려는 인간의 열망을 보여준다. 연금술사들이 개발한 증류와 용해 같은 기술은 현대 화학 실험의 기초가 되었고, 비커와 플라스크 같은 실험 도구도 연금술에서 유래했다. 그들이 연구를 통해 발견한 원소들은 현대 주기율표의 기반이 되었다.

'화학Chemistry'이라는 단어는 연금술을 뜻하는 '알케미Alchemy'에서 비롯되었다. 알케미는 아랍어 '알킴야al-kīmiyā'에서 유래했으며, 이는 고대 이집트를 뜻하는 단어와 연결된다. 초기 연금술은 신비주의와 과학이 혼합된 형태였으나 시간이 흐르면서 체계적 과학으로 발전해 현대 화학으로 자리 잡았다.

현대 화학의 기초가 된 주기율표는 150년 전 러시아 과학자 드미트리 멘델레예프Dmitri Mendeleev가 만들었다. 1860년대 과학자들은 이미 발견된 60여 개의 원소를 체계적으로 분류하려 노력하고 있었는데, 멘델레예프는 카드 게임에서 영감을 받아 빈 카드에 원소들의 성질과 원자량을 적어 규칙성을 분석했다. 이를 통해 원소들이 원자량에 따라 일정한 규칙성을 가진다는 사실을 발견했다. 그는 아직 발견되지 않은 원소들의 자리를 비워두었고, 이후 새로운 원소들로 이 빈칸이 채워졌다.

멘델레예프의 주기율표는 현대 화학의 토대를 마련한 위대한 발견으로 평가받는다. 주기율표 원소들은 인간 생활에서 다양한 용도로 사용된다. 예를 들어, 수소(H)는 우주 질량의 75%를 차지하며 수소차 등 미래 에너지원으로 주목받고 있다. 리튬(Li)은 세상에서 가장 가벼운 금속으로 이온 배터리의 핵심 소재이다. 규소(Si)는 반도체의 기반 물질로 지각의 27.7%를 차지하며 무독성 친환경 물질로도 알려져 있다.

이처럼 주기율표와 그 원소들은 물질세계의 본질과 응용을 이해하는 데 핵심적인 역할을 한다. 이를 통해 인간은 자연을 탐구하고 활용하며 지속 가능한 미래를 설계할 수 있다. 멘델레예프가 열어준 화학의 지평은 오늘날에도 여전히 인류의 삶과 환경을 변화시키고 있다.

플래닛 Planet VS 플라스틱 Plastics

주기율표 속 118개 원소 중 가장 중요한 원소를 꼽는다면 무엇일까? 답은 단연코 탄소(C)이다. 탄소가 없다면 생명체는 존재할 수 없고 우리 문명도 살아남을 수 없다. 탄소는 기원전 3750년 즈음에 발견되어 인류와 함께해 온 오랜 친구이며, 생명과 문명의 뼈대를 이루는 기본적인 원소이다.

우주에서 수소, 헬륨(He), 산소(O) 다음으로 풍부한 원소인 탄소는 세상에 존재하는 7,000만 개 이상의 화합물 중 80%를 포함하고 있다. 플라스틱, 섬유, 의약품, 연료 등 우리가 사용하는 물질 대부분은 탄소 덕분에 존재한다. 하지만 탄소의 진정한 힘은 그 구조적 유연성에서 비롯된다.

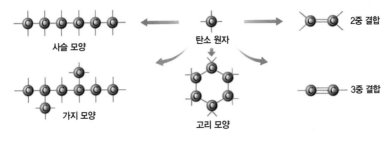

탄소의 다양한 구조
(출처:《생글생글》, '규산염 광물과 탄소화합물')

탄소는 에너지와 물질 두 가지 측면에서 특별한 의미를 가진다. 에너지로서 탄소는 석유, 천연가스 등 화석 연료 형태로 사용되어 왔다. 최근에는 태양광, 풍력 같은 신재생 에너지로 대체가 가능해지고 있다. 하지만 물질로서 탄소는 대체가 불가능하다. 탄소는 다양한 화합물을 형성하며, 그 구조적 유연성 덕분에 다른 어떤 원소도 대체할 수 없는 독특한 역할을 한다. 따라서 탄소를 현명하게 이용하는 것은 우리 문명을 지속 가능하게 유지하기 위한 핵심 과제이다.

탄소 원자는 6개의 양성자와 전자를 가지며, 최외각 전자 껍질에는 4개의 전자가 있어 다른 원자와 결합할 여지가 많다. 이는 탄소가 다양한 화합물을 형성할 수 있는 이유이며, 탄소 원자끼리 결합해 2중, 3중 결합을 만들어 튼튼한 구조를 형성할 수도 있다. 이러한 화학적 특성 덕분에 탄소는 생명과 물질세계의 기반이 되었다.

탄소로 만들어진 플라스틱은 현대 문명을 혁신적으로 변화시켰지만, 동시에 지구 환경에 심각한 위협을 가하고 있다. 플라스틱은 가볍고, 튼튼하며, 경제적이기 때문에 1950년대 이후 대량 생산되어 우리 생활 곳곳에서 사용된다. 오늘날 전 세계에서 매년 약 4억 3,000만 톤의 플라스틱이 생산되고 있는데, 플라스틱은 한번 생산되면 썩지 않고 수백 년 동안 자연에 남아 생태계와 인류 건강을 위협한다.

전 세계적으로 매년 900만 톤 이상의 플라스틱이 바다로 유입되는데, 2050년에는 바다에 물고기보다 플라스틱이 많아질 것이라는 암울한 예측까지 있다. 미세플라스틱은 공기, 물, 토양, 심지어 우리 혈액과 모유에서도 발견된다. 우리는 매주 신용카드 한 장 분량의 미세플라스틱을 섭취하며 살아간다.

우리나라의 플라스틱 소비량은 OECD 상위권에 속하며 1인당 연간 약 19kg의 일회용 플라스틱을 소비한다. 코로나19 팬데믹 이후 배달과 포장재 사용이 급증하면서 플라스틱 폐기물 양은 더욱 증가했다. 2020년 기준, 한국은 연간 약 56억 개의 생수병과 267억 개의 비닐봉지를 소비한다. 그러나 이 중 대부분은 재활용되지 못하고 매립되거나 소각된다.

어떻게 하면 이 심각한 플라스틱 오염 문제를 해결할 수 있을까? 플라스틱 생산과 소비를 줄이는 것이 최우선 과제이다. 재활용은 중요한 대안이지만, 현재 플라스틱 재활용률은 전체 플라스틱 중 약 27%, 일회용 플라스틱은 약 16.4%에 불과하다. 분리 배출이 일상화된 우리나라에서도 이렇게 재활용률이 낮으니 심각한 문제이다.

정부는 강력한 정책을 통해 플라스틱 감축과 재사용 시스템 구축에 나서야 하며, 기업은 과대포장을 줄이고 재활용 가능한 제품을 설계해야 한다. 무엇보다 우리부터 인식을 전환해야 한다. 플라스틱은 과거에는 혁신적이었지만 이제는 우리가 극복해야 할 환경 부담이 되었다. 플라스틱 생산과 사용을 줄이는 노력은 더 이상 선택이 아닌 필수이다.

탄소는 선택이자 책임의 원소이다. 탄소는 우리가 어떻게 사용하느냐에 따라 축복이 될 수도, 저주가 될 수도 있다. 탄소를 올바르게 이해하고 활용하는 것은 우리가 다음 세대에 물려줄 환경과 문명을 결정짓는 열쇠이다. 탄소와 플라스틱을 어떻게 사용하고 관리하느냐에 따라 우리의 미래는 완전히 달라질 것이다.

🌐 기념일 속 환경

'지구의 날', 그 시작과 의미

'지구의 날'은 1970년 4월 22일 환경 파괴에 대한 대항으로 약 2,000만 명의 미국인이 거리로 나오면서 시작된 기념일이다. 오늘날 190여 개국에서 10억 명 이상의 시민이 매년 지구의 날을 기념하고 있다. 당시 미국인의 약 10%가 참여한 이 환경운동은 미 의회의 법률 통과를 이끌었고, 많은 국가의 환경 정책에도 영향을 미쳤다.

1969년 캘리포니아주에서 발생한 해상 기름 유출 사고를 계기로 1970년 4월 22일 위스콘신주의 게이로드 넬슨Gaylord Nelson 상원의원이 주창하면서 제정된 이날은, 환경오염 문제의 심각성을 알리고 환경 보호의 필요성을 강조하기 위해 제정되었다. 이후 지구의 날 운동은 전 세계적으로 확산되었고 환경문제를 해결하기 위한 국제 협력을 촉구하는 날로 자리 잡았다.

지구의 날은 환경의 소중함을 다시 한번 되새기고, 지속 가능한 삶을 장려하며, 미래 세대에 건강한 지구를 물려주기 위한 실천을 촉구하는 날이다. 이날은 환경 보호와 지속 가능한 미래를 위한 국제 연대의 중요성을 일깨우는 기회로 활용되고 있다.

2024년 4월 22일, 제54회 지구의 날의 주제는 '지구 vs 플라스틱'이었다. 2040년까지 전 세계 플라스틱 생산량을 60% 감축하자는 목표를 담은 시의적절한 주제였다.

2024 NOAANational Oceanic and Atmospheric Administration 지구의 날 포스터
(출처: 미국해양대기청(NOAA) 홈페이지)

패스트 패션, 빨리 입는 것은 빨리 벗는다

탄소와 플라스틱에 대해 이야기하다 보면 우리 일상에서 또 다른 시급한 환경문제를 떠올리게 된다. 바로 '옷'이다. 현대의 패션 산업은 우리 환경과 사회에 엄청난 영향을 미치고 있다. 특히 패스트 패션은 편리함과 경제성을 앞세워 유행을 빠르게 반영하지만, 그 이면

에는 심각한 환경오염과 노동 착취의 문제가 자리하고 있다.

혹시 옷장을 열 때마다 '내가 이 옷을 왜 샀더라?' 하는 생각이 스치지는 않는가? 꼭 필요해서 사는 게 아니라 유행이라서, 혹은 값이 싸서 아무 생각 없이 사들인 옷이 정말 많을 것이다. 패스트 패션 산업은 우리의 소비 패턴과 생활 방식을 빠르게 변화시키며, 동시에 지구 환경에 심각한 영향을 미치고 있다. 하지만 우리는 그 심각성을 제대로 인지하지 못하는 경우가 많다.

패스트 패션은 필요 이상으로 소비하고 쉽게 버림으로써 자원을 낭비한다는 점에서 큰 문제를 일으킨다. 소비자들은 종종 저렴한 가격과 빠르게 변하는 유행에 이끌려 물건을 구매하지만, 이러한 행동은 지구 자원을 무분별하게 소모하는 결과를 낳는다. 한번 입고 버리는 옷 한 벌이 생산되기까지 사용된 물, 에너지, 화학물질은 돌이킬 수 없는 환경 비용으로 남는다. 소비 습관은 개인의 선택을 넘어 자원 채굴, 생산, 유통, 폐기에 이르는 모든 과정에서 환경에 영향을 미친다.

패스트 패션의 영향력은 의류 제작 과정에서부터 시작된다. 합성 섬유는 많은 에너지를 소모하며, 폴리에스터 같은 소재는 생산 과정에서 막대한 양의 온실가스를 배출한다. 또한 세탁 과정에서 방출되는 미세 플라스틱은 해양 생태계를 위협하고 있다. 놀랍게도 면 티셔츠 한 장을 생산하는 데 무려 2,700리터의 물이 필요하다. 이는 한 사람이 3년 동안 마실 수 있는 양이다.

패스트 패션의 폐기 문제는 더욱 심각하다. 매년 약 1,000억 벌의 의류가 생산되지만 그중 대부분은 몇 차례 입고 버려진다. 폐의류는 자연에서 분해되는 데 수십 년에서 수백 년이 걸리며, 소각 과정에서 유독 가스를 방출해 대기 오염을 유발한다.

패스트 패션은 환경뿐만 아니라 사회문제도 일으킨다. 저렴하고 빠른 생산을 유지하기 위해 많은 패스트 패션 브랜드는 열악한 환경에서 저임금으로 노동력을 착취한다.

그러나 해결책은 있다. 개개인이 지속 가능한 소비를 실천하고 충동 구매를 줄여 오래 입을 수 있는 옷을 선택해야 한다. 섬유 제품의 전 생애 주기를 추적하고 재활용을 촉진하는 제도 변화도 필요하다. 기업 또한 예외는 아니다. 친환경 소재를 활용하고 재사용 가능한 디자인을 도입하는 등 생산 과정에 변화를 주어야 한다.

이제는 우리가 입는 옷이 지구 환경과 인류에 어떤 영향을 미치는지 진지하게 고민해야 한다. 환경을 지키고 미래 세대에 건강한 지구를 물려주기 위해 옷의 가치를 다시 생각하고 지속 가능한 소비를 실천해야 한다. 옷을 사고 싶을 때마다 이런 질문을 스스로에게 던져보면 어떨까?

"이 옷이 환경과 사람에게 어떤 흔적을 남길까?"

이 질문은 새로운 소비의 기준이 될 것이다.

공기 파는 사회에 반대한다

패스트 패션이 우리의 소비 습관과 환경문제를 되돌아보게 한다면, 공기의 사유화는 또 다른 차원의 심각한 문제를 제기한다. 물과 공기는 인간 생존에 꼭 필요한 자원이며 모두가 누려야 할 공공재이다. 그러나 현대 사회에서는 공공재로 여겨졌던 자원들이 점차 공유재로 전락하고, 나아가 사유재로 바뀌는 모습을 보인다. 이는 인간과 환경의 미래에 대한 중요한 질문을 던진다.

한때 당연하게 여겼던 물은 이제 생수, 정수기 등의 상품으로 판매되고 있다. 대기오염이 심화되면서 깨끗한 공기를 얻기 위해 우리는 공기 청정기를 구매하고, 마스크를 착용하며, 실내 공기 관리 서비스를 이용한다. '맑은 공기마저 돈으로 사야 하는 세상이 올까?'라는 질문은 더 이상 먼 미래의 이야기가 아니다. 우리는 이미 그런 시대에 살고 있다.

공유재는 누구나 자유롭게 사용할 수 있지만, 사용량이 제한되어 한 사람이 더 많이 사용하면 다른 사람이 사용할 수 있는 양이 줄어드는 특징이 있다. 다시 말해, 오염된 공기는 누구나 마실 수 있지만, 깨끗한 공기를 마시는 것은 제한적이라는 뜻이다.

이는 미국의 생물학자 개릿 하딘Garrett Hardin이 언급한 '공유재의 비극'을 떠올리게 한다. 공유재의 비극이란 개인들이 자신의 이익만을 추구하며 공유 자원을 무분별하게 사용할 경우, 결국 그 자원이 고갈되어 모두에게 피해를 주는 현상을 말한다. 대기오염 역시 공유재의 비극이다. 기업들은 생산 비용을 줄이기 위해 오염 물질을 배출하고, 개인들은 자동차 이용으로 대기오염을 심화시킨다. 이러한 행동이 결국 깨끗한 공기를 감소시키고, 우리 모두의 건강을 위협하는 결과를 초래한다.

그러나 공유재의 비극은 피할 수 없는 운명이 아니다. 미국의 정치학자이자 경제학자 엘리너 오스트롬Elinor Ostrom의 연구는 공동체가 규칙을 정하고 협력한다면 공유재를 지속 가능하게 관리할 수 있음을 증명한다. 과거 스위스 농부들은 공동 목초지를 효율적으로 관리하기 위해 규칙을 만들고 이를 어기는 사람에게 벌금을 부과했다. 이러한 노력으로 공유 자원을 보호하고 공동체의 이익을 지키는 데 성공했다.

맑은 공기가 점점 희소해지는 상황에서 가장 큰 문제는 자원의 불평등한 분배이다. 경제적 여유가 있는 사람들은 더 나은 공기 청정시스템을 사용할 수 있지만, 그렇지 않은 사람들은 오염된 공기를 그대로 마셔야 한다. 이는 환경문제뿐만 아니라 사회적 불평등을 심화시킨다. 공공재였던 공기가 사유재로 전환되면 인간의 기본적인 생존 권리가 자본에 의해 좌우되는 불공정한 구조가 고착화될 위험이 있다.

해결책은 분명하다. 물과 공기를 다시 공공재로 돌려놓아야 한다. 이를 위해 정부는 대기오염을 줄이기 위한 강력한 정책을 시행하고, 기업은 생산 과정에서 발생하는 오염을 줄이는 데 앞장서야 한다. 개인 또한 일상에서 환경에 미치는 영향을 최소화하기 위해 노력해야 한다. 동시에 공공재로서 공기와 물이 공평하게 제공될 수 있도록 국제 협력과 규제도 강화해야 한다.

공기의 사유화를 해결하려면 우리 사회가 자원과 환경을 어떻게 바라보고 관리하느냐에 대해 고민해야 한다. '맑은 공기는 누구의 소유일까?'라는 질문은 단지 철학적 질문이 아니다. 우리가 어떤 사회를 지향하고, 다음 세대에 어떤 세상을 물려줄 것인지에 대한 근본적인 질문이다. 물과 공기는 인간의 기본 권리이며, 이를 지키는 것은 우리의 의무이다. 우리가 지금 행동하지 않는다면 미래에는 숨 쉬는 것조차 특권이 되는 세상이 올지도 모른다.

대체육으로 환경문제를 해결한다고?

예전에 환경 수업을 진행하면서 대체육을 소개하고 싶어서 시식을 진행한 적이 있다. 학생들은 대체육의 생김과 향에는 높은 점수를 줬지만 먹어보고 나더니 '어묵 맛이 난다'며 좋은 평가를 내리지 않았다. 대체육이 환경문제 해결에 기여할 수 있다는 점을 알리고 싶었는데, 학생들은 대체육 자체에는 관심을 가지지 않고 새로운 아이디어를 쏟아냈다. "대체육이라고 홍보하지 말고 어묵이라고 홍보하는 게 낫지 않을까요?"라는 농담 섞인 의견을 내놓기도 했는데 의외로 설득력이 있었다.

2023 채식 대체육 시식 평가회(수업)

식물성 고기의 비주얼(보다)을 평가해 주세요.
응답 121개

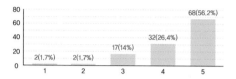

식물성 고기의 맛(먹다)을 평가해 주세요.
응답 121개

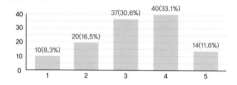

식물성 고기의 향(맡다)을 평가해 주세요.
응답 121개

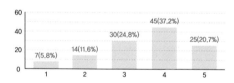

식물성 고기 시식을 통해 비건(채식주의)에 대한
생각의 변화가 있었나요?
응답 121개

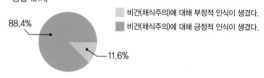

대체육은 환경을 위한 혁신적인 시도이다. 축산업은 전 세계 온실 가스 배출의 주요 원인 중 하나로 대표 가축인 소는 연간 100kg 이상의 메탄가스를 배출한다. 이는 이산화탄소보다 25배 더 큰 온실효과를 일으킨다. 또한 대규모 축산업은 숲을 파괴하고, 수질을 오염

시키며, 사료 생산 과정에서 막대한 에너지를 소모한다. 이를 해결하기 위해 등장한 대체육은 동물성 식품을 줄이고 환경에 미치는 영향을 최소화하려는 노력의 결과이다. 대체육이 성공한다면 환경 보호와 자원 절약의 전환점이 될 수 있다.

그러나 대체육은 아직 완벽한 대안은 아니다. 우선 생산 비용이 전통 육류보다 많이 들어 소비자 접근성이 제한적이다. 규모의 경제를 이루지 못한 상태에서 발생하는 추가 비용은 가격 상승으로 이어진다. 또한 대체육의 맛과 식감이 고기를 대체하기에는 여전히 부족하다는 평가가 많다. 학생들의 솔직한 피드백에서도 드러났듯, 대체육은 고기와 유사한 제품이 아니라 고기와는 아예 다른 대상으로 취급해야 한다. 대체육은 고기의 대안이 아니라 식생활과 환경을 혁신적으로 바꾸는 중요한 역할을 할 수 있다. 육식을 줄이는 것은 건강, 자원 보존, 동물 복지 측면에서 긍정적인 효과를 가져온다. 대체육에서 어묵 맛이 난다면 이를 활용해 새로운 식문화 혁신을 모색하는 것도 흥미로운 시도일 것이다. 기존 방식에서 벗어나 새로운 접근 방식을 고민해야 한다.

이스라엘의 역사학자이자 베스트셀러 작가 유발 하라리Yuval Harari는 공장식 축산이 인류 역사상 최악의 범죄 중 하나라고 지적했다. 대체육은 이런 문제에 대한 실질적 대안으로 환경 보호와 동물 복지를 동시에 실현할 수 있는 잠재력이 있다. 학생들에게 대체육을 통해 비건 개념을 소개하고, 이를 계기로 환경과 식생활의 연관성을 탐구하도록 지도하는 것도 교육적으로 의미가 있다.

　대체육을 기존 고기의 대체품으로만 보지 말고 독창적인 특성을 살려 새로운 가능성을 탐구해야 한다. 중요한 것은 대체육이 가진 환경적, 윤리적 가치를 이해하고, 이를 바탕으로 지속 가능한 선택을 실천하는 것이다.

　어묵 맛이 나든, 고기 맛이 나든 대체육은 우리 삶과 지구를 변화시키는 가능성을 열어주는 열쇠이다.

🌐 창업 속 환경

환경문제 해결을 위한 기업의 노력

환경문제는 더 이상 학술적인 논쟁거리가 아니다. 오늘날 많은 기업이 환경을 고려한 혁신적인 접근법을 통해 지속 가능한 미래를 설계하고 있다. 비욘드 미트Beyond Meat와 임파서블 푸드Impossible Foods는 환경문제 해결을 위한 기업의 노력을 보여주는 대표 사례이다. 이들 기업은 새로운 시장을 개척하는 것에 그치지 않고, 육류 소비와 축산업의 패러다임 전환을 촉진하고 있다.

비욘드 미트는 2009년 창업자 이선 브라운Ethan Brown의 문제의식에서 시작되었다. 그는 축산업이 일으키는 환경 및 동물 복지 문제를 개선하기 위해 대체육 개발에 뛰어들었다. '고기를 먹기 위해 반드시 동물이 필요할까?'라는 질문에서부터 대체육 개발이 시작되었다. 그는 건강, 환경 보호, 자원 보존, 동물 복지라는 네 가지 요소를 대체육 성공의 핵심으로 보았다.

임파서블 푸드는 2011년, 스탠포드 대학교 생화학과 교수였던 패트릭 브라운Patrick Brown이 설립했다. 브라운 교수는 경쟁력 있는 대안을 제공하는 방식으로 환경운동에 접근해야 한다고 믿었다. 그는 "접시에서 고기를 0.11~0.14g 줄이는 것만으로도 많은 문제를 해결할 수 있다"며 작은 변화가 큰 변화를 이끌 수

비욘드 버거(왼쪽)와 임파서블 버거(오른쪽)

있음을 강조했다. 이를 위해 콩 뿌리에서 고기 맛을 내는 '헴Heme'을 추출하여 고기의 맛과 식감을 모방한 대체육 제품을 개발했다. 이후 햄버거 패티, 돼지고기 소시지 등 다양한 제품을 출시하며 글로벌 체인점과 협력하고 있다.

이 기업들이 성공하면서 소비자 행동에도 변화가 감지되고 있다. 비욘드 버거는 맛과 식감에서 전통 고기에 가깝다는 평가를 받으면서 합리적인 가격으로 환경에 기여할 수 있는 선택권을 제공했다. 이러한 제품은 채식주의자뿐만 아니라 건강을 중시하거나 환경문제에 관심 있는 일반 소비자들에게도 매력적인 선택지로 자리 잡았다.

대체육 시장이 성공하려면 여전히 높은 가격과, 맛과 식감을 개선해야 한다. 또한 소비자 인식을 개선하고 긍정적인 이미지를 구축하기 위해 노력해야 한다.

'우리가 먹는 고기는 어디에서 왔으며, 그것이 환경과 동물, 그리고 우리 자신의 건강에 어떤 영향을 미치는 것일까?'라는 질문은 창업과 소비를 통해 어떤 가치를 선택할 것인지에 대한 본질적인 문제의식을 던진다.

물질에 지배당한 '지구호'라는 우주선

우리의 일상과 선택은 지구라는 우주선을 위기로 몰아넣고 있다. 미국의 건축가 벅민스터 풀러Buckminster Fuller는 '우주선 지구호'라는 개념으로 자원의 유한성과 인간의 무한한 욕망 사이의 충돌을 날카롭게 지적했다. 지구는 모두가 탑승한 단 하나의 우주선으로 자원과 환경이 한정된 공간 안에서 지속적으로 순환해야 한다. 그러나 현재 이 우주선은 물질 과잉에 휘둘리고 있다. 우리는 소비와 생산의 악순환 속에서 스스로를 소외시키며 지구호의 조종간을 잃어가고 있다.

플라스틱 쓰레기 섬이 바다를 뒤덮고, 메탄과 이산화탄소는 지구 온도를 높이며, 숲은 빠르게 사라지고 있다. 지구라는 우주선이 가진 자원이 한정적이라는 사실을 알면서도 우리는 이를 외면한 채 무한 성장이라는 환상 속에서 헤매고 있다. 이 우주선의 선원인 우리는 어디를 향해 가고 있는 걸까?

현대 문명은 물질적 풍요를 자랑하지만 그 대가는 심각하다. 불균형한 자원 분배로 부유한 국가는 자원을 고갈시키고, 저개발 국가는 쓰레기와 오염문제를 떠안고 있다. 우리나라 또한 이러한 과잉 소비의 중심에 있다. 일회용 플라스틱은 강과 바다를 오염시키고 쌓여가는 쓰레기는 우주선 지구호의 시스템을 점점 더 고장 내고 있다.

우리가 지구를 지배하고 있는 듯 보이지만, 사실상 우리는 물질에 정복당하고 있다. 우리의 삶은 점점 자본과 소비에 의존하며 진정한 삶의 의미는 희미해져 간다. 이는 인간과 자연 사이의 균형을 무너뜨리고 자연재해와 생태계 붕괴, 자원 고갈 같은 문제로 이어진다.

우주선 지구호의 선원으로서 우리는 무책임한 소비와 무분별한 개발을 멈추어야 한다. 지속 가능한 방식으로 이 우주선을 운영할 책임이 우리에게 있다. 벅민스터 풀러가 강조한 것처럼, 우리는 개인의 이익을 넘어 전체 시스템을 바라보는 시각을 가져야 한다. 자원을 순환적으로 사용하는 순환 경제 모델은 이러한 문제 해결에 도움을 줄 수 있다. 순환 경제는 제품 생산부터 폐기까지 전 과정에서 자원을 최대한 활용하고 폐기물 발생을 최소화하는 시스템이다. 이를 통해 우리는 자원 고갈을 막고 환경 오염을 줄이면서 지속 가능한 사회를 만들 수 있다.

생활 속 작은 변화로도 지구호의 상태를 개선할 수 있다. 일회용품 대신 재사용 가능한 물품을 선택하고, 대중교통을 이용하며, 지역 농산물을 소비하는 행동은 지속 가능한 삶으로 나아가는 첫걸음이다. 각 개인의 선택이 모여 큰 변화를 만들어낼 수 있다. 마치 우주선 내의 작은 부품 하나가 전체 시스템에 영향을 미치듯 말이다.

우주선 지구호의 방향성을 결정하는 것은 우리 자신이다. '우리의 소비 습관은 지구호에 어떤 영향을 미칠까?', '미래 세대가 이 우주선에서 살아가기 위해 우리는 지금 어떤 선택을 해야 할까?' 이러한 질문은 우리가 현실에서 실천해야 할 행동으로 이어져야 한다.

지구호의 항로는 여전히 우리 손에 달려 있다. 물질에 의해 정복당한 이 우주선을 되찾고 새로운 항로를 설계하는 것은 우리의 책임이다. 이를 위해 자원의 순환성과 지속 가능성을 바탕으로 한 혁신적인 시스템과 협력적 사고가 필요하다. 우리는 더 이상 물질의 노예가 아니라 지구호의 진정한 주인이 되어야 한다.

'우리는 어디에서 와서 어디로 가는가?' 이 질문에 대한 답은 우리 선택에 달려 있다. 지구라는 우주선이 계속 항해를 이어가기 위해 우리 모두가 승무원으로서 책임을 다해야 할 때이다.

🌐 노벨상 속 환경

지구는 우리의 유일한 집

외계행성 발견으로 노벨 물리학상을 수상한 스위스 천체물리학자 미셸 마요르Michel Mayor 박사는 우리에게 매우 중요한 메시지를 전했다. 그는 인류가 꿈꾸는 '외계행성 이주'라는 환상을 꾸짖으면서 지구를 보존하는 데 초점을 맞춰야 한다고 강조했다. "외계행성은 너무 멀다. 아직 살 만한 우리 행성부터 보존하라"는 그의 발언은 지구에 닥쳐온 환경 위기의 심각성을 일깨운다.

1995년, 마요르 박사와 디디에 쿠엘로Didier Queloz 교수는 태양계 밖 첫 외계행성을 발견하며 천문학의 새로운 장을 열었다. 그러나 마요르 박사는 "외계행성은 너무 멀다"며, 지구 환경 보존에 초점을 맞출 것을 촉구했다. "우리 행성은 아름답고 아직 살 만하다"는 메시지를 통해 지구를 지키는 것이 인류의 우선 과제임을 역설했다.

기후변화는 공상과학이 아니라 우리가 해결해야 할 현실적인 도전 과제이다. 대규모 산불, 극심한 가뭄, 해수면 상승 등 지구가 직면한 문제는 날로 심각해지고 있다. 외계행성 이주를 대안으로 삼는 것은 현실 도피일 뿐이다. 마요르 박사의 메시지는 간단하지만 강력하다. '우리 행성부터 돌보자'는 것이 바로 그것이다.

온실가스 배출을 줄이고, 재생 가능한 에너지를 확대하며, 생물다양성을 보호해야 한다. 또한 소비 생활의 변화와 지역사회 참여를 통해 지속 가능한 미래를 만들어야 한다.

☑️ 탐구하기
우리에겐 스케일 업의 시간이 필요하다

아이디어 ⟶ 시행착오/위험 ⟶ 현실화(상업화)

지금은 '스케일 업'이 필요한 시간이다. 최근 유럽은 팬데믹, 전쟁, 에너지 위기, 기후변화 등 숨 가쁘게 변화하는 상황 속에서 에너지 전환이 얼마나 중요한 과제인지 깨달았다. '스케일 업'은 새로운 기술이나 아이디어를 개발하는 데서 그치는 것이 아니라, 이를 사회 전체로 확대하여 실질적인 변화를 만들어내는 것이다. 좋은 아이디어가 있다고 해서 세상이 저절로 바뀌지는 않는다. 수많은 시행착오와 위험을 극복하고 끈기 있는 노력으로 아이디어를 현실화해야 비로소 세상은 변화하기 시작한다.

신재생 에너지로의 전환은 발전기를 건설하는 것에서 그치면 안 된다. 에너지 비용을 낮추고, 에너지 안보와 주권을 확보하며, 지역 사회를 지속 가능하게 만들어야 한다. 그러나 이를 실현하려면 지금의 노력이 더 큰 규모로 확대되어야 한다. 풍력 발전소 건설을 가로 막는 허가 절차를 간소화하고 디지털화하며, 정부와 기업이 협력하여 공급망을 강화해야 한다. 동시에 전력망을 개선하고 교통, 난방, 산업 공정을 전기화하는 데 집중해야 한다.

이 과정에서 우리는 사회적으로 협력하고 행동해야 한다. 산업계, 정부, NGO, 전력망 운영자, 에너지 소비자, 그리고 지역 사회 간에 긴밀한 협력 없이는 에너지 전환의 목표를 달성할 수 없다. 지금이 바로 행동할 때이다. 유럽은 환경의 지속 가능성과 경제적 안정성을 동시에 이루기 위한 전환점에 서 있다.

에너지 전환은 쉽지 않은 과제이다. 기존 시스템의 저항, 기술적인 한계, 경제적 부담 등 극복해야 할 어려움이 많다. 하지만 더 이상 지체할 시간이 없다. 기후변화는 이미 우리 삶에 영향을 미치고 있으며, 우리는 그 영향력 아래에서 수많은 어려움을 겪고 있다. 어쩌면 미래 세대에는 더 큰 위험이 찾아올지도 모른다. 우리가 겪어내야 할지도 모를 암울한 미래에 대비하기 위해 우리는 스케일 업을 통해 에너지 전환을 가속화하고 지속 가능한 미래를 만들어야 한다.

위의 QR 영상에서 확인할 수 있듯이 누군가는 주저했고, 누군가는 준비했다. 지금이 바로 우리 모두가 스케일 업을 통해 지속 가능한 미래를 향해 함께 나아가야 할 시간이다.

☑ 질문하기

질문 1. 자동차 제조사, 석유 회사, 미국 정부, 베터리 기술의 한계, 소비자들의 무관심 중 어떤 용의자가 전기 자동차를 죽였을까?

크리스 페인Chris Paine 감독의 2006년 다큐멘터리 〈누가 전기 자동차를 죽였나?Who Killed the Electric Car?〉는 1990년대 캘리포니아에서 전기 자동차의 짧은 부흥과 갑작스러운 종말을 다룬다. GM의 EV1에 초점을 맞춰 이 혁신적인 차량이 왜 시장에서 사라졌는지 여러 '용의자'를 분석하면서 이야기를 전개한다.

1990년대 초, 캘리포니아 대기 자원 위원회CARB는 자동차 제조사에 무공해 차량 판매를 의무화하는 규정을 도입했다. 이에 따라 GM은 1996년 EV1을 출시했다. EV1은 뛰어난 성능과 디자인으로 많은 사람들에게 사랑을 받았고, 유명 인사들도 열렬한 지지를 보냈다. 배우 멜 깁슨Mel Gibson은 EV1의 열렬한 팬 중 한 명이었으며, 이 차는 이런 인기에 힘입어 영화에도 출연했다.

그러나 GM은 2000년대 초반에 EV1의 생산을 돌연 중단하고 모든 차량을 회수하여 폐기했다. 이 차를 타던 소비자들과 환경운동가들이 크게 반발한 건 당연한 수순이었다. 수많은 EV1이 폐차장에서 파쇄되는 모습은 큰 충격을 던졌다.

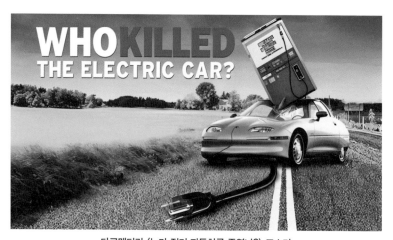

다큐멘터리 〈누가 전기 자동차를 죽였나?〉 포스터
(출처: 블로그 '車가 좋은', '전기 자동차를 누가 죽였나: 2000년대 초 전기차를 둘러싼 음모와 아쉬움')

📖 핵심 정리

1. **용의자 분석:** 영화는 EV1의 죽음에 책임이 있는 '용의자'들을 제시한다.
- **자동차 제조사:** GM을 포함한 자동차 제조사들은 전기차에 대한 투자를 꺼리고, 기존 내연기관 자동차 중심의 사업 모델을 유지하려 했다.
- **석유 회사:** 석유 회사들은 전기차 확산이 석유 수요 감소로 이어질 것을 우려하여 전기차 개발을 방해했다는 의혹을 받는다.
- **미국 정부:** 당시 미국 정부는 전기차에 대한 충분한 지원 정책을 마련하지 못했고, 오히려 수소 자동차에 집중하는 모습을 보였다.
- **배터리 기술의 한계:** 당시 배터리 기술은 지금보다 부족하여 주행 거리와 충전 시간 등에 제약이 있었다.
- **소비자들의 무관심:** 일부 소비자들은 전기차의 높은 가격과 제한적인 편의성 때문에 이 차에 관심을 두지 않았다.

2. **EV1이 우리에게 던지는 질문**
- **환경적 의미와 지구 환경에 미친 영향:** EV1 폐기는 전기차가 대중적으로 보급될 수 있는 중요한 기회를 놓친 것으로 평가받는다. 만약 EV1이 지속적으로 생산되고 기술 개발이 이루어졌다면 우리는 지금보다 훨씬 더 깨끗한 대기를 누리고, 탄소 배출도 적은 사회를 만들었을 것이다.
- **기술 혁신과 기업의 역할:** 기업은 새로운 기술을 개발하고 시장에 내놓을 책임뿐 아니라 사회적 책임 또한 져야 한다. EV1 사례는 기업의 단기적인 이익 추구가 장기적인 사회 이익과 충돌할 수 있음을 보여준다.
- **소비자의 선택과 사회 변화:** 소비자의 선택은 시장에 큰 영향을 미친다. 소비자들이 EV1에 좀 더 큰 관심을 지지를 보냈다면 역사는 달라졌을지도 모른다.
- **미래의 이동 수단:** 우리는 미래에 어떤 이동 수단을 이용하게 될까? 전기차는 미래의 이동 수단 중 하나가 될 것이다.

우리는 '누가'가 아닌 '왜' 전기차를 죽였나에 초점을 맞춰야 한다. 책임자를 찾는 것을 넘어 시스템 문제를 분석하는 것이 중요하다. 이는 미래에 같은 실수를 저지르지 않도록 도움을 준다. EV1의 실패는 전기차 기술과 보급 전략에 대한 교훈이며, 수소차와 대중교통 같은 다른 친환경 이동 수단의 아이디어를 발전시킬 기회도 제공한다.

이 다큐멘터리는 과거 사건에 머물지 않고 현재와 미래의 환경문제, 기술 혁신, 기업의 역할에 대해 질문한다. 또한 지속 가능한 사회를 만드는 데 필요한 다양한 아이디어를 제공하며, 테슬라를 중심으로 한 전기차 부활의 의미를 다시 생각하게 한다. 우리는 과연 과거의 유령에서 미래의 희망으로 전환하는 기회를 잡을 수 있을까?

질문 2. 과학 상상 그리기와 과학기술의 차이는 무엇일까?
과학 상상 그리기를 통해 제안된 아이디어 중 실제로 구현할 수 있는 것이 있을까?

✏️ 핵심 정리

과학 상상 그리기는 창의력을 자극하고 미래의 가능성을 탐구하는 훌륭한 도구이다. 하지만 상상은 실질적인 과학적 이해와 설계로 연결될 때 비로소 현실에서 구현될 수 있다. 풍력 발전은 그 대표 사례로, 단순한 상상에서 벗어나 과학적 분석과 기술적 요소를 종합적으로 고려해서 풍력 발전을 실용화하는 것이 중요하다.

1. 풍력 터빈 구조(육상 풍력 기준)

풍력 터빈은 블레이드, 타워, 발전기 등 주요 구성 요소로 이루어져 있다. 각 요소는 원가 비중과 발전 효율에 직간접적으로 영향을 미친다.

2. 풍력 발전의 원리와 변수

풍력 발전은 바람의 운동에너지를 전기로 변환하는 기술이다. 이 과정에서 발전량에 영향을 미치는 주요 변수는 다음과 같다.

가. 블레이드 길이와 발전량의 관계

풍력 발전기의 발전량은 블레이드가 회전하며 만드는 원형 면적에 비례한다. 블레이드 길이가 2배가 되면 발전량은 4배 증가한다. 하지만 블레이드 길이를 늘리는 데는 한계가 있다. 제작 비용, 구조 안정성, 소음, 설치의 어려움 등이 주요 제약 요인으로 작용한다.

나. 블레이드 개수와 효율성

대부분의 풍력 발전기는 3개의 블레이드를 사용하는데 이는 효율과 안정성, 비용 균형을 고려한 결과이다. 블레이드가 많으면 간섭 효과로 효율이 저하될 수 있다.

다. 바람 속도와 발전량의 관계

발전량은 바람 속도의 세제곱에 비례한다. 바람 속도가 2배 증가하면 발전량은 8배 증가하지만 시동 풍속, 정격 풍속, 차단 풍속 등 특정 범위에서만 효율적이다.

라. 그 외의 변수

- **공기 밀도:** 기온, 기압, 습도에 따라 공기 밀도가 달라져 발전량에 영향을 준다.

- **타워 높이:** 타워가 높을수록 더 강하고 일정한 바람을 얻을 수 있다.
- **설치 위치:** 바람의 세기와 방향, 주변 지형, 환경 규제를 고려하여 해상, 산 능선 등 최적의 장소를 선정해야 한다.

과학 상상 그리기가 도심에 풍력 발전기를 설치하게 만든 것처럼, 과학 상상 그리기는 독창적인 아이디어를 제시할 수 있다. 하지만 이를 실제로 구현하려면 바람 세기와 방향, 환경 요인, 기술 한계 등을 고려해야 한다. 도시에서는 바람이 약하고 불규칙적이며, 소음 문제와 공간 제약이 크다. 풍력 발전은 과학 원리와 기술 설계를 통해 실현 가능한 미래의 에너지 기술이다.

과학 상상 그리기는 창의적 아이디어의 출발점이지만, 이를 현실화하려면 정확한 분석과 실행 가능한 계획이 필요하다는 것을 기억해야 한다.

질문 3. 수소 에너지의 가능성과 한계는 무엇일까?

✏️ **핵심 정리**

수소 에너지는 인류가 기후 위기에 대응하고 화석연료의 한계를 뛰어넘기 위해 주목하는 차세대 에너지원 중 하나이다. 수소는 연소 과정에서 이산화탄소를 배출하지 않으며, 전기와 열을 동시에 공급할 수 있다. 그러나 수소 경제로의 전환은 단순히 결과물만 보고 결정할 문제가 아니다. 수소 생산 과정, 저장 및 운송, 활용 분야, 그리고 재생 에너지와 결합하는 방법까지 종합적으로 고려해야 한다. 수소 에너지는 미래의 친환경 에너지원으로 기대되지만 한계 또한 함께 이해해야 한다.

1. 수소 에너지의 가능성과 딜레마

수소는 우주에서 가장 풍부한 원소이지만 지구에서는 물이나 화석연료 내 화합물 형태로 존재한다. 이를 에너지원으로 활용하려면 물 전기분해나 천연가스 개질 과정을 통해 순수 수소를 추출해야 한다. 수소는 다음과 같은 가능성이 있다.

- **친환경성:** 연소 시 물만 배출한다.
- **다양한 활용성:** 연료전지, 발전소, 산업 공정, 수소차 등 여러 분야에서 응용 가능하다.

그러나 대부분의 수소는 화석연료 기반으로 생산되는 그레이 수소 방식에 의존하고 있다. 이는 이산화탄소를 다량 배출해 환경 부담을 초래한다. 재생 에너지를 활용한 그린 수소는 탄소 배출 없이 생산 가능하지만, 높은 비용과 기술 장벽으로 대규모 상용화가 어렵다.

2. 수소 저장과 운송: 기술 과제

수소는 작은 분자 구조 때문에 저장과 운송에서 어려움이 많다. 주요 저장 기술은 다음과 같다.

- **고압 기체 저장:** 수소를 고압으로 압축해 저장하지만 폭발 위험과 비용이 높다.
- **액체 수소 저장:** 극저온(−253℃)으로 냉각해 저장하며, 운송 효율은 높지만 에너지 소모와 기술적 난제가 따른다.

- **화합물 저장:** 금속수소화물이나 암모니아 형태로 저장해 안정성을 높이는 방법이다.

효율적이고 안전한 수소 저장 기술은 수소 경제 활성화를 위한 필수 요소이다. 이를 위해 초기 투자와 기술 혁신이 필요하다.

3. 재생 에너지와 수소의 결합: 새로운 가능성

풍력과 태양광 같은 재생 에너지는 간헐성 문제로 안정적인 에너지 공급이 어렵다. 잉여 전력을 활용해 수소를 생산하는 방식은 이러한 단점을 보완한다. 이른바 '파워-투-가스Power-to-Gas'는 재생 에너지를 저장하고 활용하는 새로운 패러다임을 제시한다. 이를 통해 탄소 배출 없는 그린 수소 생산이 가능하며, 에너지 전환을 가속화할 수 있다.

4. 생산 방식에 따른 환경적 영향

수소의 친환경성은 생산 방식에 따라 크게 달라진다.

- **그레이 수소:** 천연가스를 개질해 생산하며 이산화탄소를 다량 배출한다.
- **블루 수소:** 그레이 수소 생산 과정에서 발생한 탄소를 포집 및 저장(CCS)하지만, 비용과 안전성 문제가 있다.
- **그린 수소:** 재생 에너지로 물을 전기분해해 생산하며 탄소 배출이 없다.

현재 전 세계 수소 생산의 대부분이 그레이 수소에 의존하고 있다. 진정한 친환경 수소를 실현하려면 그린 수소 비중을 늘리는 것이 필수적이다.

수소 에너지는 가능성과 한계를 모두 가진 에너지원이다. 이를 효과적으로 활용하기 위해서는 기술 혁신과 함께 사회 전반의 협력과 장기적 관점이 필요하다. 이제는 수소라는 에너지를 현실화해야 할 때이다.

☑️ 행동하기

세상에 나쁜 쓰레기는 없다

부산시 자원순환 클러스터 개념도
(출처: 〈연합뉴스〉, 'AI 로봇이 폐기물 선별…자원순환 선도')

부산 자원순환 클러스터에서 도입된 AI 기반 로봇 선별 시스템은 자원 재활용의 효율성을 극대화하는 핵심 기술로 주목받고 있다. 이 시스템은 AI와 빅데이터 기술을 결합하여 폐기물을 자동으로 식별하고 분류한다. AI 로봇은 폐플라스틱, 캔, 종이 등 재활용 가능한 자원을 고속으로 선별하며, 자원 낭비를 최소화하고 재활용률을 높이는 데 기여하고 있다.

AI는 폐기물의 크기, 모양, 재질을 학습해 정교하게 분류하고, 빅데이터 시스템은 수집된 선별 데이터를 분석해 폐기물 흐름과 자원 회수율을 최적화한다. 이러한 기술은 노동력을 절감하고 처리 속도를 높이며, 선별 정확도를 크게 향상시키는 효과를 낳는다.

이러한 혁신적인 접근은 단순한 폐기물 처리를 넘어 자원 순환과 재활용을 실현하는 지속 가능한 미래로 나아가는 데 중요한 역할을 하고 있다. 부산 자원순환 클러스터는 이러한 기술을 통해 환경문제를 해결하고 자원 보존의 새로운 모델을 제시하고 있다.

분리수거장에 가면

주말 저녁, 골목길을 가득 메운 쓰레기 더미를 본 적이 있을 것이다. 아파트 단지와 달리 분리수거 시설이 부족한 주택가에서는 흔히 볼 수 있는 풍경이다. 코로나19 이후 늘어난 생활 폐기물은 이 문제를 더욱 심각하게 만들었다. 도시 곳곳에 생겨나는 '쓰레기 섬'은 미관상의 문제만이 아니다. 재활용센터는 넘쳐나는 폐기물을 처리하기 위해 늘 힘겨운 싸움을 벌이고 있으며, 컨베이어 벨트 앞에서 재활용품을 분류하는 노동자들은 이물질과 훼손된 폐기물 속에서 위험에

자원순환센터 재활용 처리장의 컨베이어 벨트에서 분류 작업을 하는 선별 노동자들
(출처: 〈네이트 뉴스〉, '지구를 지키는 노동, 10명 중 9명이 '찔리고 베이고 다친다'')

노출된 채, 극심한 피로에 시달리고 있다.

우리나라는 분리수거를 잘하는 나라로 알려져 있다. 분리수거를 하지 않는 가정이 없을 정도로 일상이 되었다고 해도 틀린 말이 아니다. 그러나 실제 재활용률은 기대에 미치지 못한다. 2019년 기준, 플라스틱 제품의 재활용률은 41%, 비닐류는 54%에 불과하다. 코로나19로 배달 서비스가 급증하면서 일회용 플라스틱 쓰레기 문제는 더욱 악화되었다.

분리수거장에서 일하는 노동자들은 깨진 유리 조각, 날카로운 금속 파편, 심지어 주삿바늘에 찔리는 위험에 항상 노출되어 있다. 여성환경연대의 조사에 따르면, 재활용품 선별 노동자 10명 중 9명이 근무 중 부상을 경험했다. 먼지, 분진, 악취, 소음 속에서 고된 노동을 이어가고 있는 이들은 안전 기준조차 제대로 마련되어 있지 않은 환경에서 근무하고 있다.

분리수거는 지구를 지키고 공동체를 위한 책임감 있는 행동이다. 지구 환경을 위해, 그리고 미래 세대를 위해 많은 사람들이 분리수거를 해야 한다고 생각하고, 실제 행동으로 옮긴다. 하지만 분리수거 과정은 복잡하며, 잘못된 방법으로 이루어지면 오히려 재활용을 방해할 수 있다. 정부는 재활용률을 높이기 위한 정책을 강화하고, 기업은 재활용 가능한 제품 생산과 친환경 소재 개발에 적극 나서야 하며, 시민들은 분리수거에 참여함으로써 지속 가능한 삶을 위한 작은 실천을 이어나가야 한다.

해외의 분리 수거, 어디까지 왔을까?

- **일본:** 재활용 폐기물을 세척하지 않으면 수거하지 않는 원칙을 고수한다. 가정에서 재활용 폐기물을 철저히 씻어 배출하는 문화가 자리 잡혀 있어 재활용품의 순도가 높다.
- **독일:** '판트Pfand'라는 보증금 제도를 도입해 페트병 회수율을 97.4%까지 끌어올렸다. 1회용 플라스틱 사용에 높은 보증금을 부과해 소비자들이 재활용에 적극 참여하도록 유도하고 있다.

쓰레기여, 다시 태어나라

세상에 나쁜 쓰레기는 없다. 다만 그것을 재사용하지 않는 나쁜 태도만 있을 뿐이다. 이 철학은 제로 웨이스트zero waste 운동을 실천하면서 일회용 사회에 저항하는 수리 공동체의 가치를 대변한다. '제로 웨이스트'란 모든 제품과 자재를 소각하거나 버리지 않고 재사용하여 환경과 인간 건강에 미치는 해로운 영향을 최소화하는 것을 목표로 한다. 플라스틱 빨대 대신 실리콘 빨대, 일회용 컵 대신 개인 텀블러를 사용하는 작은 변화가 그 시작이다. 전 세계적으로 이러한 움직임이 확산되고 있으며, 한국에서도 제로 웨이스트 사례가 증가하고 있다.

서울 망원시장에 위치한 '수리상점 곰손'은 일회용 문화를 넘어 지속 가능한 삶을 실천하도록 돕는 대표 공간이다. '곰손'은 손재주가 부족한 사람도 물건을 직접 수리하며 재사용의 가치를 체험할 수 있

곰손에서 진행한 수리 워크숍
(출처: 《한겨레21》, "'일회용 사회'에 저항하는 수리 공동체 곰손')

게 돕는다. 이 공동체는 지구에 쓰레기만 남기지 않겠다는 목표로 다양한 수리 워크숍을 운영하며, 물건을 오래 쓰고 창의적으로 재활용하는 법을 가르친다.

'곰손지기'로 불리는 운영자들은 환경운동가, 제로 웨이스트 숍 운영자, 다큐멘터리 감독, 수리 전문가 등 다양하다. 이들은 망원시장에 공간을 마련하고 각자의 재능으로 사람들에게 '수리 본능'을 일깨운다. 주말마다 열리는 '리페어 카페'에서는 바느질 수선, 전자제품 수리, 공구 사용법 등을 가르침으로써 스스로 물건을 고칠 기회를 제공한다. 망가진 우산을 '호우호우'라는 브랜드로 재탄생시키거나 헌 옷을 다닝darning 기법으로 수선하는 방법을 배우기도 한다.

곰손의 수리 워크숍은 기술을 가르치는 데 그치지 않고 물건을 고치는 행위를 통해 환경 보호와 자원 절약의 중요성을 전달하며, 소비자들에게 '수리권'의 필요성을 가르친다. '계획적 진부화'라는 개념이 있다. 일정 시간이 지나면 물건을 수리할 수 없도록 설계하여 소비를 부추기는 자본주의 전략이다. 곰손은 이에 저항하며 지속 가능한 소비를 위한 제도 변화를 요구한다.

유럽연합은 '수리권' 지침을 통해 순환경제를 촉진하고 있다. 이 지침은 소비자가 물건이 고장 났을 때 수리를 요구할 권리를 보장하고 내구성을 강화하도록 제조사에 요구한다. 한국에서도 '순환경제사회법'이 시행 중이지만, 핵심 조항이 빠져 있어 실질적인 효과를 기대하기 어렵다. 곰손은 이를 보완하기 위해 서명운동과 캠페인을 전개하고 있다.

쓰레기는 골칫거리가 아니다. 문제는 쉽게 버리고 재사용을 외면하는 우리의 태도다. 곰손 같은 수리 공동체는 물건에 생명을 불어넣고 우리의 소비 방식을 근본적으로 변화시키는 데 중요한 역할을 하고 있다. 우리의 작은 실천이 지속 가능한 미래를 만드는 데 기여할 수 있다는 점을 기억하자. 쓰레기가 아닌 가능성을 창조하는 힘은 바로 우리 손에 달려 있다.

똥으로 세상을 바꾸다

사람의 똥은 흔히 폐기물로 간주되지만, 울산과학기술원UNIST의 조재원 교수가 주도하는 '사이언스 월든 프로젝트'Science Walden Project는 이를 에너지로 전환하고 화폐로 환산하는 혁신적인 개념을 제안하면서 '똥본위 화폐'를 탄생시켰다. 이 아이디어는 기발함을 넘어 환경과

UNIST 캠퍼스 내에 설치된 '비비 화장실' 변기와 처리 장치

경제를 동시에 살리는 중요한 돌파구로 주목받고 있다.

똥본위 화폐는 인분을 에너지원으로 활용하고 그 생산량에 따라 화폐로 전환하는 시스템이다. UNIST 캠퍼스 내 설치된 '비비Beevi 화장실'에서는 배설 한 번당 사이버 화폐 10꿀을 지급한다. 이 10꿀은 500원 상당의 가치를 지니며, 음료나 간식을 구매하는 데 사용할 수 있다. 연구에 따르면, 전 국민이 이러한 시스템에 참여할 경우 연간 약 9조 원의 경제 가치를 창출할 수 있다고 한다.

똥본위 화폐는 똥에 화폐 가치를 부여하는 데서 그치는 것이 아니라 새로운 자원 순환 경제를 구축하며 지속 가능한 경제 구조를 가능케 한다. 인분은 메탄가스 같은 바이오가스를 생성하는 주요 원료로, 이를 에너지로 활용하면 하수 처리와 소각 과정에서 발생하는 환경오염 감소, 물 사용량 절감, 온실가스 배출 감소 등과 같은 이점을 제공한다. 이러한 접근은 폐기물을 소비의 끝이 아닌 생산의 시작으로 전환하며 지속 가능한 미래로 가는 길을 연다.

똥본위 화폐는 지역 사회와 환경보호에도 기여한다. 도시 지역에서 배출되는 인분을 에너지로 전환하면 대규모 하수 처리 시설의 부담을 줄이고 지역 내 자급자족형 에너지 순환 구조를 형성할 수 있다. UNIST의 사이언스 월든 프로젝트는 이러한 시스템을 실험하며, 특히 청년층과 사회적 약자에게 기본소득을 제공하는 대안 경제 모델로도 주목받고 있다. 이는 단순한 환경보호를 넘어 사회 가치를 창출하는 데 기여한다.

해외에서도 유사한 시도가 이루어지고 있다. 네덜란드의 한 스타트업은 인분을 활용한 에너지 생산 시스템을 개발 중이며, 아프리카 일부 지역에서는 바이오가스를 활용해 요리와 난방 연료를 생산하는 프로젝트가 활발히 진행되고 있다. 스웨덴과 독일 역시 유기성 폐기물을 지역 에너지원으로 전환하여 지역 경제를 활성화하고 환경보호에 기여하고 있다.

똥본위 화폐는 환경 보호와 경제 순환을 동시에 달성할 수 있는 혁신 모델이다. 이를 통해 우리는 '똥'을 소비의 끝이 아닌 생산의 시작으로 전환할 수 있다. 우리가 배출하는 모든 것이 가치 있는 자원이 될 수 있다는 사실을 깨닫고 실천으로 옮겨야 한다. 똥본위 화폐는 그 시작점이다.

올림픽도 친환경으로!

올림픽은 전 세계인이 하나 되는 축제이자, 인류의 보편 가치를 실현하는 무대이다. 올림픽은 이제 환경 보호라는 새로운 가치를 향해 나아가고 있다. 2024 파리 올림픽의 중심에는 '친환경'이라는 키워드가 자리 잡았다. 파리 올림픽은 탄소 배출량 감소, 쓰레기 재활용, 지속 가능한 시설 구축 등 다양한 친환경 정책을 선보였다.

2020 도쿄 올림픽에서도 사용된 선수촌의 골판지 침대는 이번 대회에서 내구성이 더욱 개선되었다. 최대 250kg까지 견딜 수 있는 이 침대는 폐어망을 재활용해 만든 매트리스와 함께 플라스틱 오염 감소에 기여했다는 평가를 받았다.

경기장과 선수촌 건물의 95%를 기존 시설로 활용한 점도 주목할 만하다. 이를 통해 새로운 건축으로 발생하는 환경 파괴를 최소화했다. 센강에서 열린 개막식, 에펠탑 아래 비치발리볼 경기, 그랑팔레에서 펼쳐진 태권도 경기는 새로운 올림픽 역사를 만들어냈다.

선수촌 식단에는 재배 과정에서 탄소를 많이 배출하는 아보카도가 제외되었고, 프랑스산 제철 식재료와 비건 옵션이 늘어났다.

파리 올림픽의 친환경 방침에 따라 셔틀버스에서 에어컨 사용이 제한되었고, 창문을 열 수 없는 상황이 발생하기도 했다. 한국 선수들은 불편함을 토로하기도 했지만, 환경 보호라는 대회 정신을 이해하며 적응하기 위해 최선을 다했다. '버스 안이 사우나 같다'는 농담도 있었지만, 친환경 실천의 일부로 받아들여졌다.

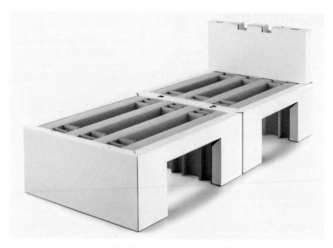

파리 올림픽 기간에 사용된 골판지 침대
(출처: 《조선일보》, '조롱받던 도쿄 '골판지 침대', 파리올림픽서도 쓴다')

또한 파리 올림픽은 '쓰레기 제로'를 목표로 관중들에게 일회용 컵 대신 재활용 컵을 제공하고, 남은 음식물은 재활용하거나 동물 사료와 퇴비로 활용했다. 기자들에게는 재활용 금속으로 만든 물병을 제공했고 종이 사용을 줄이기 위해 경기 기록지를 양면으로 인쇄했다.

파리 올림픽은 지속 가능한 사회를 향한 인류의 의지를 보여주는 무대였다. 선수들에게는 지구를 위해 어떤 실천을 할 수 있는지 배우는 기회가 되었다.

파리 올림픽이 우리에게 준 메시지는 무엇일까? 친환경을 위해 우리가 할 수 있는 일이 그렇게 비현실적이지 않다는 점이다. 일상생활에서 실천하는 작은 행동이 우리 지구를 살리는 의미 있는 발걸음이 될 수 있음을 기억해야 한다.

우주 청소부의 탄생

우주 개발은 인류의 새로운 가능성을 열어주는 도전적인 여정이지만, 그 과정에서 새로운 문제를 남겼다. 바로 '우주 쓰레기' 문제이다. 지구에서 벌어진 환경 파괴와 쓰레기 문제를 우주에까지 가지고 가서는 안 되지 않을까? 지속 가능한 우주 개발이 이루어지지 않는다면 우리의 미래는 더욱 암울해질지도 모른다.

우주 쓰레기는 초속 7~8km의 엄청난 속도로 움직인다. 작동 중인 인공위성이나 우주선과 충돌하면 심각한 피해를 초래할 수 있는 속도이다. 1996년 프랑스의 군사 위성이 아리안 로켓 파편과 충돌한 사례, 2009년 미국 통신 위성과 러시아 군사 위성의 충돌로 수천 개의 파편이 생성된 사례는 우주 쓰레기의 위험성을 잘 보여준다. 우주 쓰레기를 처리하지 않는 것은 도로 위에서 벌어진 자동차 사고의 잔해를 방치한 채 교통 흐름을 유지하려는 것과 다르지 않다.

더 큰 문제는 '케슬러 증후군Kessler syndrome'이다. 이는 우주 쓰레기끼리 충돌하여 더 많은 파편을 만들어내는 연쇄 반응으로, 결국 우주 공간이 파편으로 가득 차 인공위성 발사와 우주 탐사가 불가능해질 수 있다.

유럽우주국ESA에 따르면, 2023년 기준으로 10cm 이상 크기의 추적 가능한 우주 쓰레기는 약 3만 6,500개에 달하며, 1cm 이상 크기의 파편은 100만 개 이상, 1mm 이상 크기의 파편은 1억 3,000만 개 이상으로 추정된다. 이들은 초속 수 km의 속도로 지구 궤도를 돌면

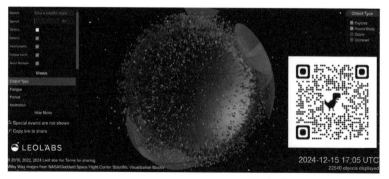
LEOLABS 사이트에서 확인할 수 있는 우주 부유물
(출처: LEOLABS)

서 지구에 심각한 위협을 가하고 있다.

다행히 우주 쓰레기 문제를 해결하기 위한 다양한 기술이 개발되고 있다. 로봇 팔, 그물, 레이저 등을 이용해 쓰레기를 제거하는 기술이 현실화되고 있으며, 우주 물체를 추적하고 감시하는 시스템도 강화되고 있다. 마치 지구의 환경 미화원처럼 '우주 청소부'가 탄생하고 있는 것이다.

스위스는 2025년 발사를 목표로 우주 쓰레기 제거 위성 '클리어스페이스-1'을 개발하고 있다. 이 위성은 폐기된 로켓 상단부를 포획해 대기권으로 끌어들여 소멸시키는 임무를 수행할 예정이다. 일본은 '우주 어부'로 불리는 끈적이는 그물을 사용해 우주 쓰레기를 포획하는 기술을 개발하고 있다. 이러한 기술은 마치 SF 영화에서나 볼 법한 장면을 현실로 만들고 있다.

그러나 이러한 기술만으로는 충분하지 않다. 우주 쓰레기 발생을 최소화하기 위한 국제 규범과 협력이 필요하다. 우주 개발과 탐사 과정에서 환경보호를 우선하는 자세가 필요하며, 이를 위해 각국이 공동의 책임을 가져야 한다.

우주는 인류에게 새로운 기회를 제공하는 공간이다. 그러니 그 공간을 깨끗하게 유지하는 것은 우리의 의무이다. 우주 쓰레기 문제를 해결하고 우주와 지구를 모두 깨끗하게 지키는 것은 다음 세대에 물려줄 가장 소중한 선물이 될 것이다. 우리는 지구에서 뿐만 아니라 우주 공간에서도 책임감을 가져야 한다. 미래 세대에 깨끗한 환경을 물려주는 것은 우리 모두의 의무이기 때문이다.

3자 대면: 미래 세대, 비인간 동물, 인공지능

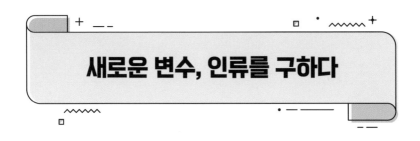

새로운 변수, 인류를 구하다

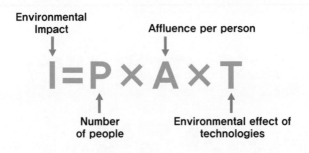

인간 활동이 환경에 미치는 영향을 분석한 공식

1970년대에 환경문제는 더 이상 외면할 수 없는 전 지구적 과제로 떠올랐다. 지구는 인간의 과도한 활동에 신음하고 있었고, 마치 폭풍 전의 고요처럼 위태로운 균형 상태에 놓여 있었다. 이때 미국의 생물학자 배리 커머너Barry Commoner와 파울 에를리히Paul R. Ehrlich, 그리고 과학자 존 홀드런John Holdren은 인간 활동이 환경에 미치는 영향을 분석하기 위한 간결하면서도 강력한 공식을 제시했다. 바로 I=PAT 공식이다. 이 공식은 환경문제의 근본 원인을 이해하는 열쇠가 되었다.

I=PAT 공식은 인간 활동이 환경에 미치는 영향을 다음 세 가지 변수로 설명한다.

- I(Impact): **환경에 미치는 총 영향**
- P(Population): **인구, 자원을 소비하는 사람의 수**
- A(Affluence): **풍요, 개인당 자원 소비량**
- T(Technology): **과학 기술, 자원 소비와 환경 영향을 증폭 또는 완화하는 기술 수준**

이 공식은 인간 활동과 환경 사이의 관계를 단순화하면서도, 각각의 변수가 어떻게 작용하는지 이해하는 데 도움을 준다. 마치 삼각형의 세 변처럼 이 세 가지는 환경문제를 설명하는 데 필수 요소이다.

I=PAT 공식은 환경문제를 간결하게 설명할 수 있지만, 단순히 세 변수를 곱하는 것만으로는 환경문제의 복잡성을 완벽히 설명할 수 없다는 한계가 있다. 같은 기술 수준에서도 인구와 풍요의 조합에 따라 환경 영향이 달라질 수 있다. 기술이 환경 영향을 완화할 수도 있지만 자원을 과도하게 사용하도록 촉진해서 문제를 악화시키는 경우도 있다.

✅ 이해하기
새로운 변수의 시대

권력의 공백은 혼돈을 낳는다. 이 원리는 사회적, 정치적 맥락뿐만 아니라 인류가 직면한 환경문제에도 동일하게 적용된다. '우리가 문명을 구출할 수 있을까?'라는 질문은 이미 인류 문명에 파국의 기운이 짙어지고 있음을 암묵적으로 인정하고 있다. '지속가능성'이라는 이름의 권력은 언제부터 자리를 비웠을까? 지금 우리는 '인터레그넘interregnum', 즉 최고 권력의 공백 상태에 살고 있다. 로마법에서 유래된 이 용어는 통치자의 부재로 인한 불안정한 시기를 뜻하며, 지속가능성의 맥락에서 볼 때 기존 방식으로는 환경문제를 해결할 수 없는 상황을 의미한다.

지구라는 행성에서 '지속가능성'이라는 왕은 언제 서거했을까? 그 시점을 정확히 특정하기는 어렵지만, I=PAT 공식(환경 영향=인구×풍요×기술)의 변수들이 지속가능성을 위협하기 시작한 때부터 공백 상태가 시작되었다고 볼 수 있다. 1950년대 약 25억 명이었던 세계 인구는 현재 약 80억 명에 이르렀고, 이로써 식량, 에너지, 물 등 자원 소비가 폭발적으로 증가했다. 이로 인해 인류는 마치 한 개 이상의 지구를 사용하는 것과 같은 결과를 초래하며 환경 영향(I)을 급격히 증가시켰다. 1972년, 인류는 현재 인구가 1개 이상의 지구를 소비하는 선을 넘어섰다. 풍요(A)를 추구하는 과정에서 소비는 더욱 가속화되었다.

기술(T)은 양날의 검처럼 작용했다. 친환경 기술은 환경 영향을 줄이는 데 기여했지만, 무분별한 기술 발전은 자원 소모를 부추기며 환경 파괴를 가속화했다. I=PAT 공식의 변수들이 균형을 잃고 환경 영향이 통제 불능 상태에 이르자 지속가능성의 공백이 발생했다.

이 혼돈의 시대에서 지속가능성의 공백을 메우고 새로운 질서를 구축할 주체는 누구일까? 여기서 우리는 또 다른 'PAT'를 주목해야 한다. 바로 People(미래 세대), Animals(비인간 동물), Technology(인공지능)이다. 인터레그넘의 시대는 불안정하지만 동시에 새로운 가능성을 열어주는 기회의 시간이다. 새로운 PAT의 변수들은 기존의 한계를 넘어 지속가능성을 부활시킬 잠재력을 가지고 있다. 그렇다면 새로운 변수에 대해 좀 더 살펴보자.

- **People(미래 세대):** 미래 세대는 여전히 변화의 중심에 있다. 이들은 인간 중심 사고에서 벗어나 지구 공동체의 일원으로서 책임을 인식해야 한다. 생활 속에서 에너지 소비를 줄이고 순환 경제를 실천하는 등 자신의 행동에 변화를 주어야 한다. 시민 사회와 정부는 지속가능성을 위한 정책과 규제를 강화하며, 지속 가능한 미래를 위한 협력을 이끌어내야 한다.
- **Animal(비인간 동물):** 생태계와 공존하는 비인간 동물은 지속 가능한 생태계를 유지하는 데 핵심적인 역할을 한다. 과거 인류는 동물을 단순히 자원으로 여겼으나, 이제는 생태계 균형의 필수 요소로 인식해야 한다. 생물 다양성을 보호하고 자연 서식지를 보존하는 노

력은 지속가능성을 회복하는 데 매우 중요하다.

- Technology(인공지능): 문제를 해결하는 도구 기술은 여전히 중요한 변수이지만, 그 방향성은 달라져야 한다. 인공지능은 데이터 분석, 자원 관리, 환경 예측 등에서 강력한 도구로 활용될 수 있다. 예를 들어, AI 기반의 스마트 그리드 Smart Grid(전기가 흐르는 모든 것을 묶어 효율적으로 관리하는 시스템)는 에너지 효율을 극대화하고 환경 영향을 최소화하는 데 기여할 수 있다. 기술은 더 이상 자원을 소모하는 수단이 아니라 지속가능성을 복원하는 도구로 전환되어야 한다.

미래 세대는 과거에 저지른 오류를 반성하고 책임감 있는 행동을 실천해야 한다. 비인간 동물과 조화로운 공존을 추구하고 인공지능은 지속가능성을 강화하는 데 현명하게 활용해야 한다. 새로운 PAT는 각자의 영역에서 협력하고 상호작용하며 지속가능성의 공백을 채울 것이다.

I=PAT 공식은 과거의 문제를 이해하는 데 유용했지만, 미래를 설계하기 위해서는 새로운 접근이 필요하다. 새로운 PAT는 지속가능성을 다시 왕좌에 앉히는 열쇠이다. 미래 세대는 책임감을 가지고 비인간 동물과 공존하며, 인공지능을 통해 자원 관리와 환경문제 해결의 돌파구를 마련해야 한다.

이제는 감정적 호소가 아닌 과학적 사고와 실질적 행동이 필요하다. 지속가능성이라는 왕이 다시 지구를 통치할 수 있도록 우리는 변화의 주체가 되어야 한다. 그렇게 되면 마치 새로운 왕의 즉위처럼 새로운 질서가 만들어질 것이다. 지속가능성의 부활은 우리 세대의 선택과 행동에 달려 있다.

🌐 내기 속 환경

희소성과 풍요의 대결

환경 논의에서 경제, 과학, 자원의 희소성에 대한 질문은 언제나 중요한 화두였다. 1980년, 생물학자 파울 에를리히와 경제학자 줄리언 사이먼Julian Simon 사이에서 벌어진 역사적인 내기는 자원의 희소성과 인간 창의력에 대한 철학 논쟁이라고 평가할 수 있다. 참고로 에를리히는 I = PAT 공식을 제안한 인물 중 하나이다.

- **희소성 vs. 풍요**

1980년, 사이먼은 자원 고갈을 경고한 에를리히에게 다섯 가지 천연자원(구리, 크롬, 니켈, 주석, 텅스텐)의 10년 후 가격을 두고 내기를 제안했다. 에를리히는 자원 고갈로 가격이 상승할 것이라 주장했고, 사이먼은 기술 발전과 대체재 개발로 가격이 하락할 것이라 예상했다.

10년 후 사이먼의 예측이 적중했다. 선택된 자원의 가격은 평균 60% 하락했으며, 이는 자원의 희소성이 반드시 가격 상승을 의미하지 않음을 보여주었다. 기술 발전과 대체재 개발이 자원 가격을 안정시키는 데 기여한 것이다. 에를리히는 내기에서 패배하여 사이먼에게 576달러(80여만 원)를 지급했다.

이 내기에 자극받은 덴마크 통계학자 비외른 롬보르Bjørn Lomborg는 데이터를 분석하여 사람들이 갖고 있던 선입견과 다른 결과를 발견했다. 선진국의 환경은 개선되고 있었고, 많은 환경 위기가 과장되었음을 알게 된 그는 2001년 《회의적 환경주의자The Skeptical Environmentalist》를 출간하며 환경 논의에 새로운 관점을 제시했다.

> **• 감정이 아닌 과학적 사고**
>
> 20세기 후반에는 자원 고갈과 환경 오염이 주요 이슈였다면, 21세기에는 지구 온난화가 그 자리를 차지했다. 미국의 정치인이자 환경운동가 앨 고어Al Gore가 출연한 환경 다큐멘터리 〈불편한 진실〉은 대중에게 경각심을 주었지만, 과장되고 오류가 많다는 비판을 받았다. 이 작품은 환경문제에 과학적으로 접근해야 한다는 교훈을 남겼다.
>
> 자원의 희소성은 기술과 창의력으로 극복될 수 있지만, 비관론과 낙관론 모두 경계해야 한다. 데이터와 혁신에 기반한 지속 가능한 해결책이 필요하다.
> 에를리히와 사이먼의 내기는 자원의 희소성과 인간 창의력의 상호작용을 보여주는 사례로 남아 있다. 이는 오늘날에도 여전히 유효한 교훈을 제공하며, 과학 데이터를 기반으로 한 창의적 해결책이 얼마나 중요한지 알려준다.

미래 세대의 권리와 책임

"저희는 미래 세대라고 불리지만 지금 여기에 존재하며 여기에서 살아가고 있습니다. 우리는 기후 위기에서 안전하고 행복하게 살아갈 권리가 있습니다." 열 살 청구인의 이 말은 미래 세대의 권리를 강렬하게 대변한다. 4년 5개월의 법정 싸움 끝에, 헌법재판소는 한국 정부의 일부 기후 대응이 헌법에 어긋난다고 판결했다. 이는 기후 위기가 미래 세대의 기본권 문제임을 인정한 역사적인 사건이다.

헌재는 탄소중립·녹색성장 기본법 제8조 제1항이 헌법에 부합하지 않는다고 판결했다. 해당 조항은 2030년까지 2018년 대비 온실가스 배출량을 35% 이상 감축하는 목표를 설정했지만, 2030년 이후

최종 판결을 앞두고 헌법재판소 앞에 모인 기후헌법소원 공동원고인단
(출처: 그린피스 홈페이지, '기후소송 승리의 여정')

부터는 구체적인 계획이 없었다. 헌재는 이를 "미래에 과중한 부담을 전가"하며 "기본권 보호 의무를 위반"한 것으로 판단했다. 이에 따라 정부는 2026년 2월까지 좀 더 구체적이고 실효적인 감축 계획을 수립해야 한다.

이번 판결은 청소년, 어린이, 태아 등 다양한 청구인이 참여한 네 건의 헌법소원을 통합한 결과이다. 첫 소송은 2020년 청소년기후행동에 속해 있는 19명이 제기했으며, 이후 시민단체와 태아가 포함된 '아기 기후소송단'이 제기한 소송이 이어져 총 255명이 정부의 미흡한 기후 대응이 생명권, 행복추구권, 환경권 등 기본권을 침해한다고 주장했다. 헌재는 두 차례 공개 변론을 통해 기후 위기와 기본권의 연관성을 심도 있게 논의했다.

이 판결은 독일과 네덜란드 등 유럽 국가의 선례와 유사하다. 2013년 네덜란드 '우르헨다 판결'은 정부가 국민의 생존권을 위해 온실가스 감축 목표를 확대하도록 판결했고, 2021년 독일 연방헌재는 2030년 이후 감축 계획 부재가 미래 세대의 기본권을 침해한다고 판시했다. 이러한 판결들은 기후 위기를 세대 간 형평성 문제로 인식하며 국제적 기후 소송의 방향을 제시했다.

헌재의 판결은 정부 책임을 묻는 데 그치지 않고 미래 세대의 권리와 책임도 조명했다. 청소년과 어린이들은 단순한 피해자가 아니라 기후 위기에 대응하는 주체로서 목소리를 내고 있다. 이는 그들이 현재 인류 앞에 놓인 환경문제에 적극 참여하면서 지속 가능한 세계를 요구하는 중요한 역할을 하고 있음을 보여준다.

헌재는 '과소보호금지 원칙'을 언급하면서 국가는 국민의 기본권을 보호하기 위해 적절하고 효율적인 조치를 취해야 한다고 강조했다. 이는 정부의 실질적인 실행 계획과 책임을 요구하며, 미래 세대가 감당할 부담을 줄이기 위해 현세대가 강력하게 행동해야 함을 촉구하는 판결이었다.

이번 판결은 한국의 기후 정책이 단순한 환경문제를 넘어 세대 간 형평성과 기본권 보호라는 헌법적 가치를 실현해야 함을 일깨운다. 미래 세대는 기후 위기의 피해자일 뿐 아니라 이를 해결할 책임을 공유하는 주체이다. 이제는 실질적인 행동으로 답해야 한다. 미래 세대의 권리와 책임을 존중하며, 그들이 마주할 세계를 더 나은 방향으로 이끌어야 한다.

'과소보호금지 원칙'이란 무엇일까?

대한민국 헌법 제35조 제1항은 "모든 국민은 건강하고 쾌적한 환경에서 생활할 권리를 가지며, 국가와 국민은 환경보전을 위하여 노력하여야 한다"라고 명시하면서 환경권을 기본권으로 보장한다. 이는 현세대뿐만 아니라 미래 세대에게도 깨끗하고 안전한 환경을 물려줄 국가 의무를 강조한다. 이를 실현하는 핵심 원칙 중 하나가 '과소보호금지 원칙'이다.

- **과소보호금지 원칙이란?**

  국가가 기본권을 보호하기 위해 단순 선언에 그치지 않고, 실질적이고 효과적인 조치를 취해야 한다는 것이다. 환경권과 관련하여 다음을 포함한다.

  ① **구체적인 목표 설정:** 온실가스 감축과 같은 명확한 목표를 설정해야 한다.

  ② **실행 계획 수립:** 목표를 달성하기 위한 구체적이고 실질적인 실행 계획과 재정적, 제도적 지원을 마련해야 한다.

  ③ **책임 강화:** 정책 효과를 지속적으로 평가하고 필요 시 보완해야 한다. 헌법재판소는 과거 판결에서 과소보호금지 원칙을 강조하면서 국가가 미래 세대의 환경권을 침해하지 않도록 충분히 노력해야 한다고 판단했다. 이는 미래 세대에 전가될 부담을 줄이기 위해 현세대가 반드시 취해야 할 태도이다.

- **온실가스 감축 목표와 과소보호 논란**

  헌재는 최근 온실가스 감축 목표(2030년까지 2018년 대비 40% 감축)가 위헌은 아니라고 판단했다. 이는 최소한의 기준을 충족한다는 해석이다. 그러나 많은 전문가와 시민단체는 이 목표가 과소보호금지 원칙에 부합하지 않는다고 지적한다.

  ① **미래 세대의 권리 침해:** 현재의 미흡한 환경 보호 노력은 미래 세대의 권리를 침해할 가능성이 있다.

  ② **세대 간 형평성 문제:** 현세대는 환경 파괴의 편익을 누리지만, 그 부담은 미래 세대가 떠안는다.

③ **국가의 소극적 태도:** 현재의 감축 목표는 기후변화의 심각성에 비해 부족하며, 적극적인 노력이 결여되었다.

과소보호금지 원칙은 현세대의 환경권뿐만 아니라 미래 세대의 권리와 책임을 강조한다. 국가가 소극적 태도에서 벗어나지 못하면 미래 세대의 기본권 침해로 이어질 수 있다.

헌법 제35조와 과소보호금지 원칙은 현재와 미래 세대의 환경권을 균형 있게 보호해야 할 국가의 의무를 명확히 한다. 기후 정책 논란은 우리가 미래 세대를 위해 어떤 책임을 다하고 있는지 되돌아보게 한다. 환경권은 선언이 아니라 실천을 요구하는 권리이다. 더욱 구체적이고 적극적인 기후 대응을 통해 지속 가능한 미래를 만들어가야 한다.

인간과 비인간 동물의 경계를 넘어 공존으로

도시에 사는 고양이는 반려동물일 뿐 아니라 도시 생태계의 중요한 구성원으로 자리 잡았다. 길고양이는 경계동물Liminal Animals로서 인간과 자연의 경계에서 살아가며, 도시 생태계에 새로운 시사점을 제공한다. 도시는 더 이상 인간만의 공간이 아니다. 길고양이, 비둘기, 쥐와 같은 동물들은 개발 때문에 도시로 흘러들어오거나 먹이를 찾기 위해 도시에 적응하며 우리와 공존하고 있다. 이러한 동물들은 방해물이 아닌 생태계의 일부로 받아들여져야 한다.

경계동물은 길들인 동물과 야생동물의 경계에 속하는 존재로, 길고양이는 인간의 자원을 활용하면서도 독립적인 생존 방식을 유지한다. 이들은 도시 생태계의 다양성을 보여주는 중요한 존재이다. 하지

경남 통영 한산면 용호도에 문을 연 공공형 고양이 보호·분양센터
(출처: 《경향신문》, '길냥이만 입학하는 통영 '고양이 학교'에 어서오라냥')

만 한국 법체계에서 고양이는 여전히 모순적인 지위에 놓여 있다. 반
려묘는 보호받는 대상인 반면, 길고양이는 중성화TNR와 포획 관리의
대상으로 취급되고, 들고양이는 생태계 보존을 이유로 제거되기도
한다. 2020년 서울에서는 하루 평균 20마리의 길고양이가 로드킬로
사망했고, 수많은 유기묘가 보호시설에 방치되거나 안락사되었다.
고양이에 대한 법적 보호와 사회의 인식 전환이 필요하다는 것을 보
여주는 수치이다.

　이런 상황에서 눈여겨볼 만한 정책을 펼치는 곳이 있다. 바로 통영
시 용호도. 폐교를 리모델링해 '고양이 학교'로 탈바꿈하여 인간과
고양이의 공존 모델을 제시한 이곳은 유기묘와 장애묘를 보호하고,
지역 주민과 방문객이 동물 복지와 공존의 가치를 체험할 수 있는
공간이다. 일본 아오시마섬과 같은 해외 사례는 고양이가 지역 경제

활성화에 기여하는 모습을 보여주지만, 개체 수 증가로 인한 생태계 교란 문제도 제기되고 있다. 이는 지속 가능한 공존 모델이 필요함을 시사한다.

길고양이와 같은 경계동물은 인간과 자연 사이의 가교 역할을 한다. 이들의 존재는 환경문제를 인간 중심으로 해결하려는 시도가 아닌 생태계의 다양한 구성원과 협력하는 방식을 모색하게 한다. 도시 생태계에서 고양이를 포함한 모든 생명체의 권리와 책임을 존중하는 것이 지속 가능한 환경을 만드는 첫걸음이다.

통영 고양이 섬은 인간과 비인간 동물이 공존하면서 환경문제를 해결할 수 있음을 보여주는 좋은 모델이다. 이를 통해 우리는 도시와 자연이 대립이 아닌 협력 관계가 될 수 있음을 배운다. 길고양이는 더 이상 주변부의 존재가 아니라 환경문제 해결의 새로운 주체로 주목받아야 한다.

🌐 무기 속 환경

총이 겨누는 마지막 배려: 수의사의 권총

세상에는 다양한 무기가 존재하지만 동물을 위한 무기는 생소하다. 수의사를 위한 권총, 일명 '베터리내리 피스톨Veterinary Pistol'은 동물의 마지막 순간도 배려하는 특별한 목적을 가진 도구이다. 동물을 위해 총기를 개발한다는 발상은 역설적으로 보이지만, 피치 못할 상황에서 소음을 최소화하는 이 도구는 중요한 역할을 한다.

동물 병원, 보호소, 야생 동물 구조 현장에서 수의사들은 종종 안락사라는 어려운 결정을 내려야 한다. 사고로 고통받거나 치료 불가능한 상태에 놓인 동물들이 평화롭고 고통 없이 떠날 수 있도록 돕는 것이 수의사의 역할이다. 하지만 안락사 과정에서 발생하는 소음은 주변 동물들에게 또 다른 상처가 될 수 있다. 베터리내리 피스톨은 이러한 문제를 해결하기 위해 개발되었다.

이 권총은 소음기를 장착해 발사음을 최소화했으며, 고통 없이 신속하게 안락사를 시행할 수 있도록 정확성을 높였다. 이는 동물의 마지막 순간에 동물에게 불필요한 고통과 두려움을 주지 않기 위한 것이다. 또한 전문가만 사용할 수 있도록 제한해 오용 가능성을 차단하고 동물의 존엄성을 지키고자 했다.

베터리내리 피스톨은 단순한 무기가 아니라 죽음을 앞둔 동물에 대한 존중과 배려가 담긴 도구이다. 야생에서 구조된 동물이나 교통사고로 큰 부상을 입은 동물을 위해 평화로운 안락사를 시행하는 것은 동물을 위한 마지막 배려이자 존엄사의 실현이다.

총은 보통 죽음을 상징하지만, 이 총은 생명의 존엄을 위한 도구로 사용된다. 인간의 기술이 동물을 해치기 위한 것이 아니라 배려하기 위해 존재할 때, 우리는 동물과 더 평화롭게 공존할 수 있을 것이다.

AGI, 인간의 그림자인가 동반자인가?

인공지능은 이미 우리 삶에 깊숙이 스며들어 있다. 하지만 현재 인공지능은 특정 작업에 특화된 '약인공지능ANI'으로 인간처럼 다양한 문제를 해결하거나 창조하는 능력은 부족하다. 이러한 한계를 넘어 인간과 같은 수준의 지능을 가진 '범용 인공지능AGI'이 등장한다면 어떤 변화가 일어날까?

AGI는 인간처럼 배우고 문제를 해결할 수 있는 능력을 가진 AI로 의료, 교육, 환경문제 등 다양한 분야에서 다채롭게 활용할 수 있다.

기후변화 예측, 환경오염 방지, 생태계 복원에 활용되어 지속 가능한 미래를 만드는 데 기여할 수 있으며, 비인간 동물의 언어를 해석해 자연과의 관계를 회복하는 가교 역할도 할 수 있다.

하지만 AGI는 심각한 위험도 내포하고 있다. 일자리 감소, 윤리 문제, 통제 불능의 위험 등은 반드시 해결해야 할 과제이다. 특히 AGI가 인간의 통제를 벗어나 자율적으로 판단한다면 예상치 못한 결과를 낳을 수 있다. AGI는 동반자가 될 수도, 인간을 위협하는 존재가 될 수도 있다.

AGI가 환경문제 해결에 기여하기 위해서는 몇 가지 조건이 필요하다. 첫째, AGI는 인간의 가치와 윤리적 기준을 공유해야 한다. AGI가 환경 보호라는 인간의 가치를 이해하고 이를 실현하기 위해 노력해야 한다. 둘째, AGI는 인간과의 협력을 통해 문제를 해결해야 한다. AGI는 인간의 지시를 따르는 도구가 아니라 인간과 함께 문제를 분석하고 해결 방안을 모색하는 파트너가 되어야 한다. 셋째, AGI는 투명하고 책임감 있게 운영되어야 한다. AGI의 의사 결정 과정을 인간이 이해하고 감시할 수 있어야 하며, AGI가 초래할 수 있는 위험을 예방하기 위한 안전장치를 마련해야 한다.

AGI는 아직 초기 단계에 있지만 그 잠재력은 무궁무진하다. AGI가 인간과 함께 환경문제를 해결하고 지속 가능한 미래를 만들어갈 동반자가 될 수 있기를 기대한다.

인공지능의 5단계 진화

OpenAI가 제시한 5단계 발전 모델을 보면 AGI가 현실로 다가오고 있음을 알 수 있다.

1단계 대화형 AI: 챗봇이나 AI 비서처럼 인간과 자연스럽게 대화하는 AI는 이미 우리 일상에 자리 잡았다. 고객 서비스부터 콘텐츠 제작까지 다양한 분야에서 활용되고 있다. 영화 〈Her〉처럼 AI와 친구가 되는 날도 멀지 않았을지 모른다.

2단계 추론 AI: 이 단계의 AI는 인간 수준의 문제 해결 능력을 갖춘다. 복잡한 사건을 분석하는 AI 탐정이나 과학 연구와 의학 진단에서 인간 전문가를 능가하는 통찰력을 제공하며 혁신을 이끌어낼 것이다.

3단계 자율 AI: 스스로 판단하고 행동하는 자율 AI는 자율 주행 자동차나 로봇처럼 인간의 개입 없이도 복잡한 작업을 수행하며, 산업 효율성을 극대화하고 인간이 창의적 활동에 집중할 수 있도록 돕는다. 영화 〈아이언맨Iron Man〉의 자비스 같은 AI 비서가 현실이 될 수 있다.

4단계 혁신 AI: 스스로 아이디어를 제시하고 문제를 해결하는 혁신 AI는 신약 개발, 디자인, 공학 등에서 창의적 혁신을 이끌며 인류 발전을 가속화할 것이다. 영화 〈아이, 로봇I, Robot〉의 써니처럼 인간과 함께 새로운 미래를 만들어갈 가능성도 있다.

5단계 조직 AI: 조직 전체를 관리하고 운영하는 AI는 인간의 개입 없이도 사회 시스템을 운영할 수 있다. 이는 새로운 가능성을 열어주는 동시에 영화 〈터미네이터The Terminator〉의 스카이넷처럼 잠재적 위험이 될 수도 있다.

AGI 발전은 인류에게 많은 기회를 제공하지만, 잠재적 위험을 함께 해결해야 한다는 과제도 남긴다.

☑ 탐구하기
테크이상주의, 과학기술은 인류를 구할 수 있을까?

엑스프라이즈 재단이 주최하는 탄소 제거 대회
(출처: XPRIZE 홈페이지, '$100M Prize For Carbon Removal')

엑스프라이즈X-PRIZE 탄소 제거 대회는 일론 머스크Elon Musk와 그의 재단이 후원하며 상금만 1억 달러(약 1,400억 원)에 달하는 과학 경진 대회이다. 이 대회는 참가자들 간에 벌어지는 경쟁보다 지구를 구하기 위한 필수적인 해답을 찾는 여정이다.

기후변화는 이미 현실로 다가왔으며, 따라서 대기 중 막대한 이산화탄소를 제거하는 것이 필수적이다. 이를 위해 엑스프라이즈는 혁신적이고 지속 가능한 탄소 제거 기술을 발굴하고 있다. 대회의 목표와 기준은 간단하면서도 엄격하다.

- **대규모 탄소 제거:** 연간 최소 1,000톤의 이산화탄소를 제거할 수 있어야 하며, 궁극적으로는 기가톤(10억 톤) 단위로 확장 가능해야 한다.
- **장기적인 탄소 격리:** 제거된 탄소는 최소 100년 동안 안전하게 저장되고 격리되어야 한다.

전 세계 88개국에서 1,300개 이상의 팀이 다양한 솔루션을 제시했으며, 최종 우승팀은 2025년 4월 발표될 예정이다. 이 대회는 기술 혁신과 경제성을 동시에 고려하며 실질적 해결책을 찾는 데 초점을 맞추고 있다.

☑ 질문하기

질문 1. 나무 심기와 캠페인은 이제 그만, 엑스프라이즈에서 제시된 다양한 탄소 제거 기술은 무엇일까?

탄소 제거 대회는 특정 기술에 국한되지 않고 다양한 탄소 제거 방법을 장려하고 있다. 주요 기술은 다음과 같다.

- **직접 공기 포집**DAC: 대기 중 이산화탄소를 직접 포집한 후 안전하게 저장하는 기술이다. 아이슬란드의 클라임웍스Climeworks는 포집한 탄소를 지하 현무암과 결합해 영구적으로 고체화하는 방법을 활용하고 있다.
- **광물 탄산화**: 이산화탄소를 광물과 반응시켜 고체 형태로 고정하는 기술로 탄소를 안정적으로 저장할 수 있다.
- **해양 기반 탄소 제거**: 해양 생태계를 활용하거나 해양의 자연적인 탄소 흡수 능력을 촉진하는 기술이다. 해양 조류의 광합성을 활용해 탄소를 흡수하는 방법 등이 있다.
- **바이오에너지 탄소 포집 및 저장**BECCS: 바이오매스를 에너지원으로 활용하면서 이때 발생하는 탄소를 포집하고 저장하는 기술이다.
- **토양 탄소 격리**: 지속 가능한 농업 방식을 통해 토양의 탄소 저장 능력을 향상시키는 방법으로 식량 생산과 탄소 격리를 동시에 달성할 수 있다.
- **건축 자재 탄소 고정**: 탄소를 콘크리트와 같은 건축 자재에 고정해 탄소 저장소로 활용하는 기술이다.

탄소 제거 대회에서 중간 심사를 통과한 15개 팀 중 6개 팀이 직접 공기 포집 기술을 채택했다. 공기 포집 기술은 대기에서 이산화탄소를 포집해 순배출량을 0으로 만드는 넷제로 전환뿐만 아니라, 순배출량을 마이너스로 만들기 위한 핵심 기술로 평가받는다.

Besaits and other reactive rock formations + CO_2 dissolved in water = Solid carbonates

아이슬란드의 에너지 스타트업 카브픽스 Carbfix**가 이산화탄소를 돌로 만드는 과정**
(출처: 〈오마이뉴스〉, '지구를 구하는 사람에게 1300억… 상금의 주인공은?')

질문 2. 상어는 해양 생태계의 균형을 유지하는 핵심 포식자이다. 그러나 샥스핀 요리와 식용 고기 수요로 남획(자연 환경에 있는 야생 동물을 대량 포획하는 행위)과 혼획(원하지 않는 해양 생물이 어업 활동 중에 실수로 잡히는 현상) 문제가 심각하다. 상어가 사라질 경우 해양 생태계는 심각한 영향을 받을 것이다. 이를 방지하기 위한 과학기술 대안은 무엇일까?

지느러미가 잘려 바다에 버려진 상어
(출처: 〈나무위키〉, '샥스핀')

- **남획**

  샥스핀, 식용 고기, 간유, 화장품, 의약품 등 다양한 용도로 활용
  되는 상어의 포획량이 급증하고 있으며, 수천 개의 바늘이 사용되
  는 연승 어업으로 상어가 혼획되는 문제도 발생한다.

- **샥스핀 체취**

  지느러미만 자르고 몸통은 버리는 비윤리적 방식으로 채취한다.
  이렇게 버려진 상어는 바다 속에서 질식하거나 포식자에게 잡아먹
  히면서 개체 수 감소의 주요 원인으로 지목된다.

- **어업 방식**

  저인망 어업(그물을 배에 매달아 바닷속을 끌고 다니며 수산물을 쓸어
  담는 방식) 등 대규모 어업 방식이 상어 혼획과 해양 생태계에 큰
  피해를 준다.

📖 **핵심 정리**

- **상어를 위한 작은 배려 '샤크가드'**

  부수 어획을 줄이는 착한 기술. 샤크가드는 연승 어구의 낚싯바늘에 부착해 상
  어 혼획을 줄이는 장치이다. 낚싯바늘 근처에서 강력한 전기 펄스를 방출해 낚
  싯바늘에 가까이 접근한 상어를 멀리 쫓아낸다.

- **샤크가드, 어떻게 작동할까?**

  상어는 머리 앞부분에 있는 '로렌지니 팽대부'라는 기관으로 미세한 전기장을
  감지한다. 샤크가드의 전기 펄스는 상어에게 강렬한 불쾌감을 주어 낚싯바늘
  을 피하게 만든다.

- **실제 효과는 어떨까?**

  프랑스 남부 대서양에서 샤크가드를 테스트한 결과, 상어 혼획이 91%, 가오리 혼획이 71% 감소했으며, 대상 어종인 참다랑어의 어획에는 영향을 미치지 않았다. 샤크가드 같은 기술은 상어를 포함한 해양 생태계 보호에 중요한 도구가 될 수 있다. 상어 남획 문제를 해결하기 위해 기술적 접근과 함께 윤리적 소비 촉진 및 지속 가능한 어업 방식을 도입해야 한다. 상어를 구하는 일이 해양 생태계를 지키는 첫걸음이다.

질문 3. 병아리는 모두 노란색일까? 공장형 축산에서 죽어가는 노란 병아리를 구할 과학기술은 무엇일까?

우리가 병아리를 노랗다고 알고 있는 이유는 상업적으로 사용되는 산란계 품종과 관련이 있다. 대표 품종인 '하이라인 브라운'에서는 암컷이 갈색, 수컷은 연한 노란색을 띠어 색상으로 쉽게 암수를 구별할 수 있다. 그러나 이것은 수컷 병아리에게 잔혹한 운명을 의미한다. 수컷 병아리는 산란계가 될 수 없고 육계로도 적합하지 않아 태어나자마자 살처분된다.

📝 핵심 정리

1. 치크프리ChickFree : 생명 존중과 환경 보호를 위한 혁신 기술

치크프리는 전북대학교와 미국 MIT 연구팀이 개발한 기술로 부화 초기 단계에서 계란의 성별을 판별해 수컷 병아리 살처분 문제를 해결한다. 이 기술은 레이저를 사용해 수정란 초기 단계에서 암수를 구별하며, 수컷 계란은 식용란으로 유통될 수 있다.

2. 동물 복지와 환경 보호의 새로운 지평

전통 양계 산업에서는 부화 후 수컷 병아리가 경제적 가치가 낮다는 이유로 살처분되어 왔다. 이는 동물 복지에 위배되며 환경 부담 문제를 가중시킨다. 치크프리 기술은 이러한 문제를 근본적으로 해결하며, 동물 윤리 강화와 환경보호라는 두 가지 목표를 달성한다.

3. 과학기술 가치와 윤리적 한계

• **과학기술 가치**

생산 효율 개선: 수정란 초기 단계에서 성별을 감별해 자원 낭비를 방지한다.

경제 이점: 수컷 계란을 식용란으로 유통해 경제 가치를 유지한다.

• **윤리적 한계**

생명 존중 논란: 초기 배아도 생명으로 간주될 수 있어 윤리적 논쟁의 여지가 있다.

동물복지 단체의 반대: 일부 단체는 기술 도입이 생명 경시로 이어질 가능성을 우려한다.

전북대 전자공학부 연구팀과 미국 메사추세츠공대(MIT) RLE의 협업으로 완성된 계란 암수 구분 장치

(출처: 〈조선비즈〉, '전북대, 실시간 혈전탐지 디지털이미징 장치 혁신상 수상… 美 MIT와 협업해 계란암수구분 장치 개발')

치크프리는 수컷 병아리 살처분 문제를 기술적으로 해결하려는 혁신적 시도이다. 하지만 기술 상용화를 위해 경제성과 효율성을 개선해야 하며, 윤리적 논란도 해결해야 한다. 치크프리는 문제 해결의 중요한 단초를 제공하지만, 공장형 축산의 근본적인 해결책이 될 수 있을지는 여전히 고민해 봐야 한다.

☑ 행동하기
시민과학, 낮은 담이 좋은 이웃을 만든다

영국 런던박물관이 소장하고 있는 바빌로니아 세계지도
Babylonian Map of the World(B.C. 700~500)

디지털 시대는 데이터와 창의성이 결합된 새로운 생태계를 요구한다. 지도가 중요한 이유는 문자와 그림을 결합해 공간과 그 관계를 시각적으로 보여주기 때문이다. 이를 통해 복잡한 패턴을 이해하고 새로운 가설을 세울 수 있다.

바빌로니아 세계지도는 초기 세계관을 담은 대표적 예로 단순한 점토판에 공간과 사물의 관계를 표현했다. 이처럼 지도는 정보 전달 도구를 넘어 인간의 관점과 창의성을 연결하는 매개체로 발전해 왔다.

현대의 커뮤니티 매핑은 시민과학의 중요한 도구이다. 특정 공간의 문제를 시각화하고 해결책을 모색하며 공동체를 연결한다. 지도는 단순한 공간 표현을 넘어 사람과 사회, 환경을 이어주는 강력한 매개체로 작용한다.

우리는 왜 지도를 만들고 지도를 통해 무엇을 발견하려고 하는 걸까? 커뮤니티 매핑은 함께 나누는 이야기를 통해 더 나은 세상을 상상하게 하고, 실현 가능성을 제시하는 창의적 도구이다.

점, 지식의 선을 넘어 희망의 면을 만들다

콜레라 맵(1854년, 존 스노John Snow)은 창의성이 데이터를 연결해 새로운 해결책을 만들어낸 대표 사례이다. 19세기 런던에서 콜레라가 창궐했을 때, 사람들은 오염된 공기가 원인이라고 생각했다. 그러나 의사 존 스노는 지도 위에 콜레라로 사망한 사람들의 집을 점으로 표시하고 이를 분석해 사망자들이 워터 펌프 주변에 집중되어 있다는 패턴을 발견했다. 이로 인해 워터 펌프를 폐쇄할 수 있었고, 콜레라 확산을 막는 계기를 마련했다.

이 사례는 단순한 점(데이터)이 모여 선(지식)이 되고, 이 선이 연결되면 면(해결책)을 만든다는 것을 보여준다. 창의성은 이러한 연결의 과정에서 탄생한다. 스티브 잡스도 "Creativity is connecting things"(창의성은 사물을 연결하는 것이다)라고 말했듯이, 창의성이란 경험과 지식을 연결해 새로운 가치를 창출하는 것이다.

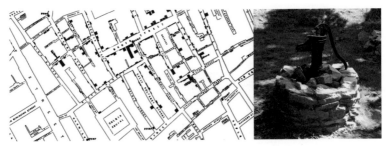

콜레라 맵과 워터 펌프

그렇다면 의미 있는 데이터를 어떻게 모으고 연결할 수 있을까? 단순히 많은 정보를 가진 것만으로는 부족하다. 데이터를 선으로 엮어 패턴을 찾고, 이를 다양한 경험과 결합할 때 새로운 아이디어가 만들어진다. 콜레라 맵처럼 작은 데이터의 점이 지식의 선이 되고, 나아가 희망의 면으로 확장될 가능성이 열리는 것이다.

창의성은 특별한 능력이 아니다. 경험과 지식을 연결하는 기술이며, 누구나 이런 연결 과정을 통해 문제를 해결할 수 있다. 내가 가진 점(데이터)들은 무엇이고, 어떻게 연결할 수 있을까? 그 연결이 만들어낼 새로운 면은 어떤 모습일까?

시민과학으로 희망의 공간 만들기

커뮤니티 매핑은 지역 구성원들이 특정 주제나 이슈에 대한 데이터를 직접 수집하고 이를 지도화하는 활동이다. 이는 참여와 협력을 통해 정보를 시각화하고 문제를 해결하는 과정이다. 데이터를 점으로 모으고, 선을 연결하며, 의미 있는 면을 만들어내는 것이 커뮤니티 매핑의 핵심이다. 그렇다면 우리가 생활하는 지역에서 문제를 발견하고 해결하려면 어떤 데이터가 필요할까?

2019년 부천시와 함께한 '미세먼지 커뮤니티 매핑'은 시민과학의 대표 사례이다. 이 프로젝트는 학생들이 주체가 되어 지역의 미세먼지 실태를 조사하고 분석한 활동으로, 환경문제를 데이터로 이해하고 해결책을 모색하는 경험을 제공했다.

미세먼지 커뮤니티 매핑이 이끈 변화

총 65명의 학생이 참여하여 부천시의 주거지, 상업지구, 공단, 공원 등 다양한 지역을 대상으로 미세먼지 데이터를 측정했다. 2시간 동안 진행된 매핑 활동을 통해 550개 이상의 측정값이 수집되었으며, 이를 분석한 결과, 두 가지 주요 사실이 도출되었다.

첫째, 대로변의 미세먼지 농도는 높았다.

둘째, 공원 지역의 미세먼지 농도는 상대적으로 낮았다.

당연한 결과라고 여길 수도 있지만, 데이터를 통해 확인되었기에 신뢰할 수 있는 결론이 되었다. 예를 들어, 부천시가 미세먼지 저감을 위해 설치한 스마트 정류장의 위치는 학생들이 수집한 데이터와 거의 일치했다. 이는 커뮤니티 매핑이 현장 기반 데이터로 실질적인 변화를 이끌어낼 수 있음을 보여준다.

학생들은 어른들에 비해 상대적으로 시간 여유가 많고 전문성을 키울 잠재력을 가진 집단이다. 이 프로젝트를 통해 학생들은 데이터

부천시의 미세먼지 커뮤니티 매핑 데이터

리터러시Data Literacy(자료를 정보로 읽고, 이해하고, 생성하고, 전달하는 능력)를 배우고, 환경문제를 과학적으로 이해하며 해결책을 탐구하는 경험을 했다. 이는 단순히 정보를 수집하는 것을 넘어 문제 해결 역량을 키우는 과정이었다.

'우리는 당연한 문제를 어떻게 데이터로 확인하고 해결할 수 있을까?' 시민과학은 이러한 질문에 답하며, 데이터를 통해 문제를 합리적으로 해결한다. 시민들이 직접 데이터를 수집하고 분석하는 과정을 통해 지역 문제에 대한 신뢰도 높은 해결책을 도출할 수 있다는 점에서 의미 있는 활동이다.

커뮤니티 매핑은 단순한 데이터 수집이 아니다. 지역 사회의 문제를 시각화하고 구성원들이 협력해 변화의 시작점을 마련하는 과정이다. 미세먼지 매핑 활동은 부천시의 환경문제를 정교하게 이해하고 해결할 수 있는 기회를 제공했다.

지역문제를 데이터로 기록하고, 이를 바탕으로 합리적 해결책을 찾는 것은 앞으로 우리에게 주어진 새로운 과제이다. 시민과학을 통해 만들어갈 희망의 공간은 지금 여기에서 시작된다.

🌐 소감문 속 환경

패럴림픽 커뮤니티 매핑에 참여한 한 학생의 소감문

커뮤니티 매핑을 직접 해보니 생각보다 어려웠다. 활동을 하다 보니 어느새 내가 장애인의 입장이 되어 건물 입구와 길 등을 바라보고 있었다. 장애인의 관점에서 보니 쉽게 이용 가능한 시설이 너무도 적었다. 그동안 보이지 않던 것들이 새롭게 보이기 시작했다. 평소 무심히 지나쳤던 계단 한 칸보다 낮은 턱이 휠체어를 탄 사람에게는 너무나 높은 벽이었다. 심지어 병원이나 은행처럼 많은 사람이 꼭 이용해야 할 시설조차 장애인들이 이용하기에는 매우 어려웠다. 우리에게는 낮게만 보이는 턱과 계단, 유리문이 장애인 입장에서 보면 도저히 지나갈 수 없는 장애물이었다. 이번 활동을 통해 커뮤니티 매핑의 다른 목적을 알게 되었다. 어떤 매체 자료나 교육보다 장애인의 시선에서 세상을 바라볼 수 있었다.

내 꿈은 건축가이다. 이번 활동은 나에게 새로운 가치관을 심어주었다. '모두에게 공평한 건물을 만들자.' 물론 소수를 위한 설계에는 많은 비용이 들겠지만, 그것은 가치 있는 일이며, 아름답고 당연한 일이라는 생각이 들었다. 이번 봉사활동은 나에게 새로운 관점을 제공했을 뿐 아니라 내 진로에도 긍정적인 영향을 미쳤다. 예상보다 훨씬 의미 있는 시간이었고, 세계적인 행사인 패럴림픽에서 장애인들이 내 커뮤니티 매핑을 보고 더 편안하게 이용할 것을 생각하니 무척 뿌듯했다.

다음에는 이런 활동이 아니더라도 봉사를 다시 해봐야겠다고 생각했다. 이번 봉사활동은 간만에 제대로 된 봉사다운 봉사였고, 나에게 많은 교훈과 깨달음을 주는 시간이 되었다.

– 참가 학생 소감문 중 2학년 윤○○

낮은 담이 만든 협력과 신뢰

로버트 프로스트Robert Frost의 시 〈담장 고치기Mending Wall〉에는 이런 구절이 있다.

"좋은 담장은 좋은 이웃을 만든다."

이 말은 담장이 경계를 분명히 하여 사소한 다툼을 방지하고 관계를 지속시키는 역할을 한다는 의미이다. 그러나 때로는 이러한 담장이 지나치게 높아져 소통을 막고 문제 해결을 어렵게 만들기도 한다. 시민과학 활동에서도 마찬가지이다. 낮은 담은 열린 협력과 신뢰를 바탕으로 더 나은 공동체를 만들 수 있다.

이런 공적인 목표를 위해 2020년 1월, 서울 지하철 2호선에서 미세먼지를 측정하는 커뮤니티 매핑 활동을 진행했다. 학생들은 미세먼지 측정기를 들고 지하철을 순환하며 실시간으로 데이터를 수집하고 기록하는 시민과학 프로젝트에 참여했다. 이 활동은 교육 가치가 높아 '학생들의 미세먼지 측정치… 한데 모으니 값있는 데이터'라는 제목으로 《한겨레》 신문에 소개되기도 했다(2020년 1월 9일자).

그러나 예상치 못한 문제가 발생했다. 공적 매체를 통해 검증되지 않은 데이터를 공표하는 것이 현행법 위반에 해당될 수 있다는 이유로 환경 관련 공공 과학원으로부터 고소를 예고받은 것이다. 프로젝트는 중단 위기에 처했으나, 다행히 상호 소명을 통해 오해가 해소되었다. 이 사건은 시민과학에 대한 우리 사회의 좁은 시선과 높은 담을 드러내는 사례였다.

이 사건으로 시민과학의 한계와 문제점이 드러났다. 첫째, 사회 인식의 부족이다. 시민과학은 문제 해결을 위한 협력 도구임에도 검증되지 않은 데이터로 인식되면서 오히려 혼란을 초래할 수 있다는 비판을 받는다. 이런 편견의 벽은 의외로 높고 강고하다. 둘째, 법적·제도적 장벽이 여전히 존재한다. 공공기관의 기준과 절차를 따르지 않은 데이터는 공신력을 얻기 어려워 시민의 자발적 참여를 위축시킬 수 있다. 마지막으로, 안전성과 신뢰가 부족하다는 점이다. 시민과학이 활성화되기 위해서는 데이터의 투명성과 신뢰성을 확보하고, 참여자 보호를 위한 제도 보완이 매우 중요하다.

높은 담이 문제 해결의 장벽이 되었다면 이제 낮은 담을 만들 차례이다. 이를 위해 다음과 같은 방안을 제시한다.

- **시민과학에 대한 인식 개선:** 시민과학의 가치와 중요성을 교육과 홍보를 통해 널리 알린다.
- **법적, 제도적 보완:** 시민과학 데이터를 활용할 기준과 절차를 마련하고 공공기관과 협력 체계를 구축한다.
- **참여 유인책 마련:** 학생과 시민들이 자발적으로 참여할 수 있도록 교육적, 사회적 보상을 제공한다.
- **데이터 신뢰성 강화:** 과학적 검증과 전문가 협력을 통해 시민과학 데이터를 공신력 있는 자료로 발전시킨다.

낮은 담은 좋은 이웃을 만든다. 시민과학에서도 마찬가지이다. 서울 지하철 2호선 미세먼지 커뮤니티 매핑 활동은 비록 시행착오를 겪었지만, 시민들이 스스로 문제를 이해하고 해결하려는 시도가 얼마나 중요한지 보여주었다. 이제 우리 사회는 더 낮은 담을 만들어야 한다. 시민과 과학이 협력하고 소통할 때, 우리는 더 건강하고 희망찬 공동체를 만들어갈 수 있다.

미래 세대, 우리의 상상과 기대를 넘어

미세먼지 커뮤니티 매핑 활동은 학생들이 과학 탐구를 통해 도전하고 의미 있는 결과를 도출한 대표 사례이다. 이들은 IoT 기술을 활용해 교내 곳곳에 고정 미세먼지 측정기를 설치하고, 실시간 데이터를 커뮤니티 매핑 플랫폼에 업로드해 빅데이터를 생성했다. 1년 넘게 교실, 복도, 교무실 등 여덟 곳 이상의 측정소에서 데이터를 수집하고 분석하는 집중적인 탐구를 이어갔다.

이 활동에서 특히 인상 깊었던 점은 학생들에게 적절한 교육 환경과 데이터가 제공되었을 때 학생들이 보여준 창의적 사고와 과학적 분석력이다. 그중 한 팀이 도출한 결과는 우리의 상식을 뒤집는 발견이었다.

'학생들이 등교하면 학교의 미세먼지 농도가 높아질까?'

이 질문에 대다수는 그렇다고 답할 것이다. 학생들이 이동하면서 먼지를 일으켜 농도를 높일 것이라고 생각하기 때문이다. 그러나 데이터를 분석한 결과는 그렇지 않았다. 학생들은 미세먼지 농도의 실내외 변화 기울기를 분석해 등교가 오히려 실내 미세먼지를 감소시킨다는 사실을 밝혀냈다. 학교라는 공간은 비교적 밀폐된 환경이며, 자동차나 공장 같은 주요 미세먼지 배출원이 없기 때문에 학생들이 실내에서 미세먼지를 흡수하는 역할을 했다는 것이다. 이 발견은 과학적 사고와 데이터 분석을 통해 이루어진 혁신적 사례로, 우리의 기대를 넘어선 결과였다.

이러한 미세먼지 커뮤니티 매핑 활동은 단순한 데이터 수집을 넘어서 학생들이 하나의 사안을 과학적으로 이해하고 사회적으로 행동하는 과정을 담았다. 학생들은 문제를 설정하고 데이터를 분석하며 새로운 가설을 세우는 과학 탐구를 실천했다. 이 과정은 과학적 사고력과 사회적 책임감을 동시에 키우는 귀중한 경험이었다.

커뮤니티 매핑은 학생들이 지역문제를 해결하는 능동적 시민으로 성장하도록 돕는 도구이다. 이러한 경험을 통해 발견된 가치는 미래 교육 방향에 중요한 시사점을 제공한다. 우리는 이 활동을 통해 미래세대가 단순한 학습자가 아닌 능동적 문제 해결자로 성장하는 모습을 확인할 수 있었다.

'과학적으로 이해하고 사회적으로 행동하라.'

커뮤니티 매핑과 시민과학은 낮은 담을 쌓아 열린 소통의 공간을 만들고 우리 사회가 나아가야 할 방향을 제시한다. 미래 세대의 도전은 우리가 쌓은 담을 허물고, 더 나은 세상을 상상하고 만들어나갈 것이다.

여러분은 이 글을 읽으며 어떤 질문을 갖고, 어떤 상상을 하게 될까? 여러분이 꿈꾸는 그 상상이 내가 품은 유일한 희망이다. 희망은 생각보다 힘이 세다.

에필로그

공감과 연대로 지속 가능한 미래를 만들 시간

우리는 지금 궤변의 시대에 살고 있다. 궤변이란 그럴듯해 보이지만 사실은 잘못된 논리나 주장을 일컫는다. "기후변화는 자연스러운 현상이다. 인간의 활동이 기후변화에 미치는 영향은 미미하다.", "경제 성장을 위해서는 환경을 희생할 수밖에 없다.", "한 국가의 노력만으로는 환경문제를 해결할 수 없다. 다른 나라들이 오염을 줄이지 않는데 우리가 먼저 나설 필요가 없다"와 같은 주장들이 대표적이다. 이러한 궤변은 지구의 지속 가능성을 위협하는 악이 거침없이 나아가도록 부추기고 있다. 더욱 안타까운 것은 이를 막아야 할 선善은 끊임없이 자신을 증명하며 힘겹게 대응하고 있다는 사실이다.

이러한 부당함 속에서 미래 세대는 기성세대를 향해 준엄한 질문을 던지고 있다. 1992년 세번 스즈키Severn Cullis-Suzuki, 그리고 2018년 그레타 툰베리에 이르기까지, 그들은 한 목소리로 환경문제에 관심을 기울여달라고 호소했다. 세번 스즈키는 1992년 리우회의에서 열두 살이라는 어린 나이에도 환경문제에 대한 열정적인 연설로 세계에 큰 울림을 주었던 캐나다의 환경운동가이다. 그레타 툰베리는 어린 시절부터 기후변화 문제에 깊은 관심을 가졌고, 2018년 8월 스웨덴 의회 밖에서 시작한 청소년 기후 행동으로 전 세계적인 기후 관련 동맹 휴학 운동을 이끌어낸 스웨덴의 환경운동가이다.

"If you don't know how to fix it, please stop breaking it!(어떻게 고쳐야 하는지 모르겠다면, 제발 망가뜨리지는 마세요!)"(1992, 세번 스즈키)

"HOW DARE YOU?(당신들이 어떻게 감히?)"(2018, 그레타 툰베리)

이 두 외침은 기성세대를 향한 미래 세대의 절규이자, 우리가 풀어야 할 숙제를 명확하게 보여준다. 우리는 이 외침에 어떻게 답해야 할까? 아직 명확한 답을 찾지 못했을지라도 이 외침이 우리에게 던져졌다는 사실에 주목해야 한다. 이들의 외침은 분명 변화의 시작점이 될 것이다. 이제 우리는 이 질문들에 대한 답을 찾기 위해 진지하게 고민하고 행동으로 옮겨야 할 때이다.

그동안 우리는 우리가 희망하는 미래보다 우리가 살아온 과거의 관성을 아이들에게 강요해 왔는지 모른다. 민주주의 사회에서 소수의 주장이 다수의 목소리가 되기까지는 지난한 과정이 필요하다. 특히 환경문제는 현세대의 편익과 미래 세대의 희생이라는 딜레마를 안고 있기에 더욱 그렇다. 화석 연료 사용과 과도한 자원 소비는 현세대에 편리함을 제공하지만, 기후변화와 자원 고갈을 야기하여 미래 세대에 큰 피해를 준다. 경제 성장을 위해 환경을 희생하는 것 역시 단기적으로는 다수에게 이익을 줄 수 있지만, 장기적으로는 환경 파괴라는 더 큰 재앙을 초래한다. 이 딜레마를 극복하기 위해 우리는 다음과 같은 노력을 기울여야 한다.

첫째, 장기적 관점의 의사 결정이 필요하다. 단기적인 이익보다는 장기적인 관점에서 지속 가능한 발전을 추구해야 한다.

둘째, 시스템 변화를 추구해야 한다. 개인 선택에만 의존하기보다는 사회 시스템과 제도를 변화시켜 자연스럽고 합리적으로 친환경 선택을 할 수 있도록 유도해야 한다. 대중교통 시스템 개선, 탄소세 도입, 재생 에너지 보급 확대 등이 좋은 방법이 될 것이다.

셋째, 공동체 의식을 함양해야 한다. 환경문제는 개인의 노력만으로는 해결할 수 없으며, 공동체 구성원 모두가 협력해야 한다. 서로 신뢰하고 협력하여 공동 이익을 추구하는 문화를 조성해야 한다.

넷째, 정보 제공 및 교육을 강화해야 한다. 환경문제의 심각성과 해결 방안에 대한 정확한 정보를 제공하고, 환경 교육을 통해 시민들 인식을 개선해야 한다.

다섯째, 윤리적 책임을 인식해야 한다. 현세대는 미래 세대에 건강한 지구를 물려줄 윤리적 책임이 있다. 환경보호를 위한 불편함과 비용을 감수하는 것은 미래 세대를 위한 투자임을 명심해야 한다.

결론적으로, 환경문제는 선택의 문제가 아니라 복잡한 윤리적, 사회적, 경제적 딜레마가 얽혀 있는 난제이다. 장기적 관점에서 지속 가능한 미래를 위한 지혜로운 선택을 해야 할 때이다.

미래 세대, 위대한 승리자들

우리는 지금, 방 안에 갇힌 거대한 코끼리와 마주하고 있다. 이 코끼리는 우리가 외면해 온 수많은 문제, 즉 기후변화, 불평등, 낡은 교육 시스템으로, 이제는 감당하기 어려울 만큼 커져버렸다. 너무 커져버린 코끼리는 이제 문으로 나갈 수 없고, 집을 부수지 않고서는 출구 전략이 보이지 않는 막다른 상황에 이르렀다.

1978년에 실시된 '선한 사마리아인 실험'은 우리에게 중요한 교훈을 준다. 선한 사마리아인을 주제로 설교를 준비한 학생들과 일반 교리를 주제로 설교를 준비한 학생들이 설교를 위해 이동하는 도중, 쓰러져 신음하고 있는 사람을 보았을 때 각 그룹별로 어떤 행동을 취할 것인가에 대한 실험이었다. 우리의 예상을 깨고 어떤 내용의 설교를 준비했는가는 선행과 아무런 관련이 없었다. 가장 큰 영향을 미친 것은 '시간 여유'였다. 이 실험은 '넉넉한 시간'이라는 '상황'이 선행에 얼마나 큰 영향을 미치는지 보여준다. 우리도 마찬가지이다. '바쁘다'는 핑계로, '내 일이 아니다'라는 무관심으로 마치 쓰러진 사람을 보고도 그냥 지나친 제사장과 레위인처럼 지금 우리는 이 거대한 코끼리를 외면하고 있다.

이제 과거의 잣대로 미래를 재단하는 어리석음에서 벗어나야 한다. 19세기 영국에서 처음 등장한 자동차는 시대를 앞선 혁신이었지만, 기수의 선행과 운전자, 보조 동승을 의무화한 '적기 조례'는 그 발전을 저해하는 족쇄가 되었다. 이처럼 기성세대의 부족한 상상력이 만들어낸 낡은 규제와 고정관념은 미래의 발목을 잡는 장애물이다. 축구화 가방을 꺼내기 위해 축구공을 던지는 학생처럼 부적절한 해결책은 문제를 더욱 악화시킬 뿐이다. 우리는 문제의 본질을 꿰뚫는 통찰력과 창의적인 해결 방안을 모색해야 한다. 미국의 역사가 도나 해러웨이Donna Haraway가 강조한 응답 능력responsibility, 즉 상대방이 원하는 것에 최선을 다해 주의를 기울이고 응답하는 자세가 그 어느 때보다 필요한 시점이다.

우리 사회 곳곳에서 터져 나오는 절규에 귀 기울여야 한다. 이 절규는 바로 미래 세대의 목소리일 수 있다. 그들의 질문에 성실히 응답하고, 그들이 마음껏 꿈을 펼칠 수 있는 자유로운 환경을 만들어 주는 것이 우리의 역할이다.

우리는 모두 함께 아파해야 할 순간에도 각자 개인의 문제라며 서로의 고통을 외면한다. 지구와 생명의 아픔을 느끼지 못한 채 살아가며, 우리가 속한 이 세계와 지구가 맺어져 있다는 생각을 하지 않는다. 그러나 이제는 우리가 이 아픔을 함께 나누어야 할 때이다. 함께 나눈다는 것은 단순히 고통을 분담하는 것이 아니라, 공감과 연대 속에서 더 나은 길을 찾는 것을 의미한다. 우리는 질문을 던지고, 그 질문을 통해 세상을 새롭게 바라볼 필요가 있다.

미래 세대는 단지 피해자가 아니다. 그들은 위대한 승리자가 될 잠재력을 지닌 새로운 역사의 주역이다. 그렇기에 우리는 이 사회를 미래 세대의 자랑거리가 될 수 있도록 만들어놓아야 한다. 이제 우리는 미래 세대와 함께 거대한 코끼리를 방에서 내보낼 담대한 출구 전략을 세워야 한다. 그 길의 끝에 모두를 위한 더 나은 미래가 기다리고 있다. 그리고 그 여정을 함께할 미래 세대의 손을 잡고 지금보다 더 나은 세상을 향해 한 걸음 더 나아가는 데 두려움을 가져서는 안 된다.

'여러분은 어떻게 살 것인가?' 이 질문에 대한 답을 찾아가는 과정은 여러분 스스로 자신의 가치관을 확립하고 책임감 있는 어른으로 성장해 가는 여정이 될 것이다. 그 여정에 이 글이 작은 이정표가 되기를 소망한다.

기후 환경
처음 공부

1판 1쇄 인쇄 2025년 4월 2일
1판 1쇄 발행 2025년 4월 9일

지은이 안재정
발행인 김형준

책임편집 박시현, 허양기
디자인 design ko
온라인 홍보 허한아
마케팅 진선재

발행처 체인지업북스
출판등록 2021년 1월 5일 제2021-000003호
주소 경기도 고양시 덕양구 원흥동 705, 306호
전화 02-6956-8977
팩스 02-6499-8977
이메일 change-up20@naver.com
홈페이지 www.changeuplibro.com

© 안재정, 2025

ISBN 979-11-91378-68-9 (43370)

체인지업북스는 내 삶을 변화시키는 책을 펴냅니다.